業 KARMA 的力量

查列嘉貢仁波切
噶瑪策凌卻準中譯
噶瑪津巴多傑審譯

謹以此中文版呈獻

尊聖的第十七世大寶法王噶瑪巴 鄔金欽列多傑

查列嘉貢仁波切乘願再來

願佛法昌榮興盛

目錄

第十七世大寶法王噶瑪巴 序

在眾多定居於西方國家的藏傳佛教上師中，查列嘉貢仁波切是少數幾位受過完整傳統佛教哲學訓練，同時結合西方哲學、心理學與比較宗教學廣泛訓練的人。他與西方人共事多年，對西方的文化有深刻的理解。他能以流暢的英文交流，深知在大眾文化中對佛教名相的濫用，透過佛法教學，他始終關注於維護佛教的本質與純正。

仁波切在最後撰寫的這本書中，對於業以及相關的論題，例如空性、自我的本質、死亡和再生的徹底檢視，這些對遭受普遍誤解的佛教教義大有裨益，可作為一種權威性的解決對策。他清楚地解釋業力的過程不是機械式的而是動態的；它在一個複雜的網絡中運作，連接並影響宇宙萬物，包括有生命與無生命的事物。我深信，在二十一世紀充分理解這一點尤其重要，因為個人、團體和國家的行為對其他有情眾生的生活與福祉有著深遠的影響。我們的地球本身正面臨來自人類手中可能帶來的毀滅，了解因果關係的錯綜複雜性與多面性是非常重要的！作為個人，我們在日常生活中的所作所為，不僅影響自己，還會影響到其他人，包括整個世界，甚至整個宇宙。

在個人層面上，這本書為佛教修行者提供有益的忠告和實用的建議，強調正確理解業力能夠打開轉化的機會，幫助我們使我們的生命有意義。

我希望查列仁波切學術與佛法教學最後的盛放，對他所有的學生、佛教所有的傳統與那些希望探索佛教教義的人都將帶來利益。

第十七世噶瑪巴 鄔金欽列多傑

上密院 達蘭沙拉 印度 二〇一四年八月四日

導言

自古以來，人類對「自己從何處來」、「會往何處去」的這些問題，總是感到疑惑。想要知道關於我們的過去，還有未來的這種欲望，對我們有很大的影響。因此提出各種解釋，說明我們如何成爲現在的狀況，以及將往何處去。有多種有神論的解釋對這個困惑提供了答案，也有一些世俗、非宗教的解釋，從生理學等方面來討論這個問題。宗教在檢視我們生命歷史的不同觀點之後，通常不滿足於僅只看著日常的生活，因爲宗教總是在許多方面要我們去質疑，所以無法滿足科學所給予的各種答案。一方面，痛苦的問題依然存在。我們相信佛教中，業與再生的概念提供了一種觀點，或許可以解釋人類與其他有情眾生所有形式的痛苦。佛教探討痛苦的議題，深入的程度是其他宗教前所未見的。在基督教中，據說耶穌基督爲我們而死，他犧牲自己來解除我們的痛苦。要相信這個觀念，一個人必須要有絕對的信念，相對地，佛教並不要求這樣的信念。

佛陀不曾說自己將承擔眾生的痛苦。他指出苦諦的道路，痛苦的普遍性。即使如此，他並未說生命中的一切都是痛苦，而是隨著一些無法避免的事實，他概略地敘述我們爲自己招致如此多痛苦的方式。從這意義上說，佛陀是獨特的。佛陀提出痛苦的方式，讓人們在體驗痛苦的層次、強度和程度方面能發揮自己的作用。他也提供了一種完全超越痛苦的方法。爲此，佛陀談論「業」（karma）。業的理論極度深奧，但不幸地，由於「新時代」（New Age）哲學的盛行，許多聰明才智的人並未認眞看待。這是非常遺憾的，因爲佛陀對業力概念的應用，就如同他對痛苦的解釋，是一樣獨特的。

多種因與多種緣

在佛教之前的印度，業被理解爲宿命論，幾乎可以與新教（Protestant）同樣名詞的概念相比擬。這兩種理論聲稱我們不能改變我們的業。然而，在人們對業的理解中經常錯失的，特別在佛教中，是佛陀自己實際提出的部份。他不只談論業的因，也談論業的緣。佛陀並未教授直線式的因果關係——單一的因，導致單一的果。佛陀教導多種的因與多種的緣，總是以多數提到因與緣，從來不是單一的因與果。呈現在我們面前的是一種非常複雜的運作方式。僅僅因爲一特定事件似乎導致某一件事的發生，並不表示我們所確認的這個特定的因就是唯一須負責的因。如果不是有支撐著果的助緣條件，果可能根本不會存在。

痛苦的平息在自己手中

佛陀描繪了一幅非常錯綜複雜的景象，來呈現事物如何運作，他將因與緣、道德與戒律連結在一起。他從人類如何能夠解除自身的痛苦並得到快樂的角度，來解釋倫理和道德的生活。佛陀與許多他前後時期的其他宗教領導者不同，他始終訴諸於人類的理性與經驗。佛陀所說的業與再生，是立基於自己深刻的了悟。他不接受我們可以上天堂、永恆活在那裡，或是永久墮入地獄的概念。他也不是一位極端的懷疑論者，不認爲死後我們就不復存在。人們能夠永恆地活在天堂或地獄的觀念，儘管非常盛行於當時的印度，他卻對之深惡痛絕。他超越這些盛行的觀念。無論一個人看來似乎多麼邪惡或罪孽深重，他不會抱著他們將永久受苦的想法。他完全相信我們經歷的任何痛苦，是由於自己的作爲，而非出於神靈之手。因此，痛苦的平息也在我們自己的手中，這是佛陀業的觀念。

許多世紀以來，在東方，從古印度時代開始，業與再生的各種理論已經非常普遍；並以支離破碎且混淆的方式傳到了西方。雖然已經流傳了好幾個世代，但是對於現代人，即便是佛教的修行者，仍然很難理解這個議題。一些西方的佛學老師與作者，自命是這個觀念的探討者，他們宣揚自己對這議題懷疑的觀點，使問題變得更嚴重。基本上，他們否定或忽視「業」。他們是在一九六〇和一九七〇年代旅行到印度、尼泊爾，對業的整體觀念感到非常興奮的那些人，現在這群人已經六、七十歲了，對他們而言，業似乎已經變成一個骯髒的字眼。當他們年輕時，這個觀念從不曾離開過他們的唇邊，現在他們已經接近死亡，不想再與之有任何的關係！不幸的是，僅因爲我們不希望去想某件事情，不表示這個主題就會離開，或者我們害怕的事情，或令我們不舒服的事就會消失。

業是佛教教義的核心

在許多著作中，通常是在現代的環境中，「業」被十分薄弱的邏輯或哲學的理由所駁斥。業被認爲毫無意義；業是陳腐的迷信，與現代的思想模式少有關連；一個人不可能是一個現代思想者，又認同業的觀念；業是另一種迷信，需要從古老智慧傳統所提供的任何眞理中脫鉤。這種態度經常反應在目前坊間的這類書籍中：書中或者完全略過這個主題，或者將它當作次要的部分，使用一種選擇性的或者不是必需的方式，敷衍搪塞過去。人們可以高高興興地忽略業，而只做禪修。我們已經到了必須重新審視是否可以摒棄業的時刻，如果我們是印度教徒或佛教徒的話。在這本書中，我將提出論證，業是佛教教義的核心，是不可或缺的要點，它非常重要，不僅僅是一個概念而是一個現實。

認爲業是一種迷信或是古老信仰的想法，可能源自於舊世界亞洲對這觀念的過度簡化。在貧瘠的條件下，未受過教育的人們之間，佛法的傳授非常簡單。在這樣的環境中，人們往往以供養僧眾、禮拜佛像、繞行佛寺與舍利塔或布施窮人等行爲，來表達創造善業的願望。在現代的背景下，業明顯地與這類行爲有關，這再度造成它是一種原始、迷信的形象。也常被認爲與不變的社會形態有關聯，被視爲不利於民眾的動力，甚至被認爲是某些佛教國家經濟不振的潛在原因。這忽視了在印度、東南亞、東亞與其他地方——那些以印度教或佛教爲主要宗教的國家——其中不乏經濟與社會成功的故事，而以基督教爲主的國家有些也依舊十分貧窮，如菲律賓、南美與非洲的一些國家。宗教引起的冷淡邏輯也很容易被應用在對上帝的信仰上，一個人可能覺得被神放棄或被預先選定等。

業的教法不涉及接受個人的命運，不是那麼簡單的一個觀念。事實上，它一點也不單純，這是我在這本書中所要討論的。接下來的章節，將以合理的哲學方式來探討業。希望讀者能夠依據完整的資料，對這個觀念做出自己的判斷。我將給予業力理論一些理智的確實性與重要性。畢竟作爲佛教徒，我們解釋爲什麼我們受苦，爲什麼事情會發生，以及爲什麼我們應該有道德。如果這些對我們毫不重要、不相信業，我們爲什麼要發心成爲有道德的人，善待彼此？要回答這類問題，復原業的觀念就成爲一個重要的嘗試。

業與現代的世界觀

在目前的情況下，佛教徒談論業的方式有兩種：宗教的用語，以及世俗、簡單的形式。許多人對宗教狂熱主義的輕微暗示，或者要將他們轉變爲特定世界觀的企圖，極度敏感。在這樣的情況下，語言形式必須要稍微克制。順便一提，這裏肯定會有些僞善的成份在內，某些當代的團體對「眞理」的強烈主張——每個人都應該相信現代民主風潮的優點，或是無法否定社會正義措施的優點等等，幾乎沒有克制。我提出這點，只是要將業的主題放在現代的背景，而不是要譴責現代性，來支持佛教的傳統。如同許多其他佛教徒一樣，能生活在一個民主國家，我覺得非常的幸運。

耐人尋味的是，佛陀的教法與現代的世界觀之間有著眞實的相容性。不幸且帶點諷刺的是，正因爲西方人思想持續在演變，在今天的世界中，佛陀對業力理論的原創貢獻往往被丢失了。對這些教法的反應，人們經常聽到類似「喔，是的，我們早就這樣認爲。」現代的思維，在某些方面，不經意地與佛陀的教法一致。假設我們回顧一百年前西方人的想法，從歷史上就能獲得更精確的佛陀教法的觀點。我們曾發現佛陀是多麼的現代。這並不是說，佛陀是世界上最現代的宗教創始者，而是強調，儘管在佛陀身處的時代，在那個特殊的環境，佛陀的許多教法都有著現代的意味。或許身爲佛教徒，我們認爲他遠遠超越了他的那個時代；但，他對各類事情具有眞實的智慧，似乎超越文化條件的偉大智慧。

我們是因與緣的產物

基本上，佛陀把「業」定義爲「行爲」，意義是要爲自己在這世界上的情況負責，從現在起，我們的思想和行爲決定我們的未來。我們是因與緣的產物——簡單說，由於過去的行爲，我們成爲現在的狀況。如同我們後面會看到，業力理論遠非如此簡單。對業的批評經常集中在個人責任的概念上，認爲它會產生一種對別人冷漠無情的態度，導致一種怪罪的懷疑傾向，比如貧窮的人要自己對貧窮負責任等等。因此錯誤地認爲佛教將所有的境況全歸咎於個人，否定行爲的作用。例如，假設我們是貧窮的，自然或多或少地會被認爲將持續貧窮，直到我們的業債耗盡；死後我們可能再生到幸運的環境，或許成爲一個富裕的企業家。這類思想與佛教所強調的諸法互相依存並不一致，佛教主張諸法互相依存，充分認識到各種影響對人與環境的錯綜複雜性。

業是變動的

佛教的確具有業的印痕與性情累積的觀念，在我們的一生中，嗜好的積累形成習性。即使如此，這並不意味我們必須等待特定的業痕、業債或承襲的業消散或消失才能完成任何事情。佛教的業力理論，與宿命論或決定論不同。我們在事務上的確有眞實的選擇力。如果沒有選擇，業力理論就會眞正產生批判的與道德主義的態度，佛陀的教法也就不具啓發性，更遑論有任何作用。業力理論沒有這種不變的屬性，它與靜態的道德秩序沒有關連。當然，它含有決定論的元素，必須被接受。由於所承襲的業，使我們成爲現在的狀況。沒有這些業，我們不可能是現在的我們，但這不表示我們就必須要保持在這種狀態。

成爲我想要成爲的人

更重要的是，業力理論鼓勵我們去思考：「我可以成爲我想要成爲的人，而不是停留在早已經是甚麼樣的狀態。」這是對佛教業力理論的正確理解。相反地，若說：「我就是這樣的人，我懶惰，不能勝任任何事，我想這就是業。」——如果我們將它歸因於業，那很可能是我們的過錯！若能正確地理解，業力理論鼓勵我們向前發展，以免陷入內疚和各種相關的不適之中。我們會一再地回到過去負面的思維模式，在我們的腦海裡總有些東西困擾著我們。像這類的念頭會經常生起，諸如：「我夠好嗎？」「我夠努力嗎？」「我是個壞人嗎？」我們需要這些才能反省並向前邁進，但是這種策略有著相反的效果，會強化對「自我」的懷疑。沒有這種策略，我們可以更健全的發展。這是眞正佛教業的觀點，也就是要獲得解脫——要如何讓我們從各種業力的障礙與束縛中得到解脫。

業力理論的重要

這一切都回溯到我們的感情、情緒與人格。目前所思索的，通常不會幫助我們向前進；相反，會讓我們猶疑不前。業力理論能夠焚燒根深蒂固的習性種子，使它們不起作用。它讓我們很清楚地看見如何看待自己，如何關照自己，認清自己特殊的習慣與傾向；如此，我們可以找到一個不同的行爲方式，成爲一個不同的人。換句話說，它可以改變我們業的方向。業是一個概念，聚焦於構成個人的是甚麼——個人與生俱有的是甚麼，與他人共同產生的是甚麼，還有這個「自我」，通常受限制的是甚麼。在西方許多學科領域十分熱衷這些概念，尤其是心理學，相當不幸，業力理論僅引起些微的興趣，因爲它正視個人習性的健全狀態。個人的人格與自我了解是業力理論的根基，它從主觀情勢分析，邁向爲增進個人發展的各種方法。業力理論結合各種方法，讓個人可以成爲一個有深度、有價値或有重要性的人。經由正念的練習，可以看見我們正在造哪一種形式的業，還有如何將人生編織在一起。不幸的是，對業力理論這種非常個人的詮釋，在西方很少如此被教導。

目前理解業力理論的方式，幾乎與這種高度個人和直接的看法相反。它經常被看作是抽象的與個人無關的實體，有點像是一種自然法則；在某種程度上這與其他的信仰體系，如印度教，有歷史的關聯，這些其他的信仰體系有自己的業力理論觀點。佛教與其他信仰體系明顯不同，因爲無需神來創造或維持宇宙秩序，無需堅持符合外界的秩序：那些發生在自然界、世界、宇宙或任何人可能假設的大千世界中所找到的秩序。個人不需要與外界批判的想法奮鬥。我們不需要害怕成爲某類特立獨行的人，而覺得被強迫或被禁止去做某件事，因爲沒有不變的參數來確定這樣的事情。在探討業時，重要的是了解不存在任何不變的成就，在評估任何這類成就時沒有確定性。佛教的業力觀念與其他解釋產生混淆，爲此，我們要探討業力的抽象和有神論信仰的古老起源，以澄清佛教的立場。

業力觀念的各種起源，來自於早期印度神話與婆羅門思想，可以在印度古經典如《吠陀經》（Vedas）、《摩訶婆羅多》（Mahabharata，印度古代梵文敘事詩）與《摩奴法典》（Dharmashastra）中找到。我們也將比較早期印度教、早期佛教與後來大乘佛教中業力的思想。我們只能對這種的歷史比較作非常概括的描述。這不是一本歷史著作，而是引用歷史概論的書，幫助我們更了解業力觀念的各種變化，如同它流傳下來的一樣。這樣的比較，並非意味「業」的某一種說法比另一種說法更優越，目的是揭示它們的差異。

一　業力概念的起源

「業」——「業力」（karma）字面的意義是「行爲」——簡單說，就是行爲；但是要追溯這個概念的起源絕非易事。長久以來，許多西方學者竭力解釋這個概念，並且提出許多的意見。有一派思想認爲，業力的概念是隨著雅利安人（Aryans）來到印度而出現的，他們建立了梵文的印度河流域文明。其他人則提出辯駁，認爲早在雅利安人到來之前，這個觀念就已經出現，可回溯到所謂的印度部落民族，吠陀之前的部落社會。正如一位學者嘲諷地評論，「部落民族」這個用詞，指出業的眞正身份是多麼難以捉摸。儘管困難重重，更多的專家認爲這個概念是由住在印度的印度人所構想的，而不是從外面引進。看來，似乎不是吠陀（Vedas）的教義鼓勵印度人去思考業，而是本土的印度人早就具有這種基本的觀念，後來才融入吠陀經典內。這個觀念自然隨著吠陀本身而更爲發展；在早期，甚至在《吠陀經》內，業的行爲與轉世沒有絕對的關聯。在這個階段，關於轉世的說法並不多，但隨著業的思想承擔起更多的道德層面，這個觀念才逐漸形成。

早期印度的業力觀

在早期階段，業涉及一種不變的宇宙秩序，類似於西方的自然法則，包含了神的制裁與統轄的觀念；從那以後，也含有個人在秩序內適當的地位與責任。偏離這種結構就被視爲荒廢職責，未盡到個人業的責任。而背離個人的適當地位與角色，就會受到應有的懲罰。這種認知至今依然盛行。此外，業的早期觀念也談到人類畏懼混亂，由於無序、放縱與混淆而產生的混亂——各類大、小規模的動亂、災禍以及苦難！人類認爲自己是自然的一部分，是這個創造的世界的一部分，他們指望由一個偉大心靈——造物者（例如上帝）之心，建立秩序世界的想法。這個造物者非但沒有渾沌、雜亂無章的心，相反的，祂具有深奧有序的心。因此，創造的宇宙也好，或顯現的世界，被視爲是以智力爲基柱的。對於這種宏偉的設計，個人有順從的義務。此刻我們不是在討論印度教的信仰，而是討論我們現在所了解的印度教、佛教與耆那教等在統一宗教之前的時期。在非佛教傳統的時代，業力理論與造物者（神）的觀念幾乎是同義字。

我們可以將這時期歸類爲婆羅門信仰體系，由此支柱才出現後來業力的觀念。這些業力理論的早期變異體，尤以符合一個有序的宇宙爲特色的教義，不明顯地強調個人，這裡沒有自由意志或抉擇的觀念。依據一個人在宇宙秩序中的位置，一個人有其應盡的責任。業當然可以應用在這些體系中的個人，但個人行爲的現實意義是對家庭、群落與外在世界的衝擊影響。它主要是關注偏離的概念（concept of deviancy），但不是現代社會學意義上的概念，而是一種現代化之前的觀念，即行爲和生活偏離外在世界社會或宇宙超俗概念的特定準則。

在早期階段，「業」（亦即「行爲」）照字面的意義，指的是吠陀祭司所主持的獻祭——馬，通常是他們選定的祭祀動物。在祭典儀式的過程中，祭司持誦符咒與眞言等等，吸引或祈求善良的事物，同時驅散邪惡。在印度婆羅門傳統的初期，執行業的獻祭是令事物有序的方法。若事情不和諧、衝突或有類似的情況，不論是在個人或在部落，就會尋求祭司來執行這些獻祭的行爲，使事情回歸秩序。以此方式恢復和諧，沒有任何眞正的道德涵義。然而，人們逐漸地開始以道德來思考事情，開始區分善業與惡業；如此一來，「業」這個字失去了中立性，逐漸演變成一個重要且複雜的概念，涉及個人自己的生活、社會利益的道德層面。原本單純表達「行爲」的字，逐漸形成善業、惡業與無記業等觀念，且持續朝這些方向發展。

儘管業力理論持續演變，在此階段，多少還是單純，與佛教的目前觀點截然不同。例如，業的轉移被認爲是一種直接、不妥協的方式，它的觀點相當唯物主義，如同下面摘白《摩根德耶往世書》（Markandeya Purana）的一段：

> 魔鬼劫走了一位婆羅門的妻子，將她丟棄在森林裡。這位婆羅門去見國王說：「有人趁他睡覺時搶走了他的妻子。」國王要他形容妻子的模樣，婆羅門回答：「她目光銳利、身材高挑、雙臂短小、臉龐瘦削、腹部鬆弛、臀部窄小且胸部扁平；她長得實在非常醜——我一點也不挑剔她。她言語刻薄，本性不溫和，這是我對妻子的描述。她有張大嘴，看來非常嚇人，她已不再年輕。老實說，這就是

我妻子的長相。」國王回答：「夠了，我賜你另一個妻子吧。」但是婆羅門堅持必須保護他的妻子。「因為她如果沒有受到保護，階級種性的混亂就會產生，那會導致我的祖先從天堂墜落。」國王只好去尋找婆羅門的妻子。

國王在森林裡碰到了她，問她如何來到那裡；她告訴國王她的故事，最終她說：「我不知道他為何如此做，他既沒有強占我的身體，也沒有把我吃掉。」國王找到了那位魔鬼，質疑他的行為：「為什麼把婆羅門的妻子帶到此地來，夜遊者？她確實不是位美女；如果你帶她來此是要做你的妻子，你可以找到許多更好的妻子；如果你要吃她，為什麼沒有吃掉她？」

魔鬼回答：「我們不吃人類；那是其他魔鬼的事。但我們吃善行的果實。（生為一個冷酷的魔鬼，我可以告訴你惡行果實的一切。）

由於受到羞辱，我們吞吃男人、女人真正的性格；我們不吃肉，也不吞食活的生物。當我們吃掉人們的耐心時，他們就變得暴怒！當我們吃掉他們邪惡的本性時，他們就變成善良。我們有女性的魔鬼，既美麗又吸引人，如同天上的仙女，我們怎麼還會想與人類婦女有肉體的歡樂？」

國王說：「她既不是要伺候你上床，也不是要當你餐桌上的食物，為什麼要闖入婆羅門的房子，將她帶走？」魔鬼說：「他是位很好的婆羅門，熟知法術。過去經常唸誦摧魔咒語，一再地把我們從獻祭儀式中驅逐出去，使我們變得十分飢餓。婆羅門若沒有妻子，就沒有執行獻祭儀式的資格，所以我才用這弱點來懲罰他。」

國王說：「既然你提到吞食人的本性，我拜託你一件事。請你吃掉這位婆羅門妻子的邪惡性格。若你吃掉她的邪惡性格，她的舉止或許能變得端正。然後帶她回她丈夫的房子。這樣做，你就為我完成了到這裡所要求的一切。」在國王的命令下，魔鬼以自己的法力進入她體內，吃掉她的邪惡性格。婆羅門的妻子在完全擺脫粗暴的邪惡性格後，她對國王說：「由於自己的業果成熟，導致我與尊貴的丈夫分離。這位夜遊者只是近因，錯不在他，也不在我尊貴的丈夫；錯只在自己，不在他人。這位魔鬼做了件好事，因為有一世，我曾經造成某個人與另一人的分離；現在，與丈夫分離的事發生在我身上。我尊貴的丈夫有甚麼錯呢？」魔鬼帶著這位已經清淨邪惡性格的婆羅門妻子，回到她丈夫的房子，魔鬼就離開了。

此處，業不被認爲是個人的行爲，與一般佛教的認知不相同，而是與個人的家庭——丈夫、妻子、子女與父母，甚至已故的親友有關。這段敘述主張，一個人若做了壞事，會造成極大的痛苦與損害，不僅是對活著的人，甚至對在天上的祖先——他們可能從天堂的住所墜落。這裡很明顯地有善、惡的行爲在人們之間轉移的觀念。整個的群體可以被看做是單一的行爲者，因此，這個觀念有強烈的群體面向。透過這樣的例子，我們可以看到一系列的想法植入到一般的業力概念內。有些可能相當陌生，例如，業在世代間的轉移；在評價這些事情時必須要謹慎，即便是今日，在西方，仍然可以看到非洲或印度殖民地人的後裔，他們因祖先的罪行而遭受責難。事實上，兒子揹負父親的罪名這個觀念，對現代人來說並不奇怪。在傳統西方的思想中，也是常有的。重要的是，認清當時的想法與今日比較是如何的不一樣。現代人的身份認同，幾乎不與其他的人、個人的家庭、宗族等等有緊密的關連。在古代的敘述中，所有人都受到完全相同的影響，每個人均與他或她的遺傳家庭緊密相連；沒有人能從這些束縛中解脫。

早期對業的看法幾乎全是唯物主義的，著重在身體的互動。業的轉移被設想爲物質的，而非精神的意義。它很少是精神的，而是被理解爲長壽或財富等事項。若兒子盡責任，加持就會降臨在父母、家族與祖先身上；如果沒盡到責任，行爲惡劣，那麼在某個階段，他家族的一切就會崩潰瓦解。有趣的是，在這種理解中，個人造的業，不論好壞，可以抵消他人的業。這與唯物主義的基礎有直接關係，導致強調清淨與不淨、染污與腐敗的事物。一個人可能十分挑剔吃些什麼，或沐浴多少次，因爲這種淨化變得極端重要。確切地說，一個人的行爲可以損害他人，令他們失去財物與所有物品。甚至個人的美德與特質也可以被竊取，這與「邪惡之眼」（evil eye）的觀念有些類似。我們不應該完全摒棄這類觀念，因爲許多西方人可能在某種程度上仍然相信這類事情。在印度這種觀念還很強烈，他們販賣各種咒文與護身符來保護人們免於這類威脅。一個人如果成爲「邪惡之眼」的攻擊對象，或者類似的事情，那個人可能會失去工作、丈夫或妻子、財富等等。

在這種業的見解中，行爲的果報，對行爲者顯然有重要的後果。令我們不解的是，對他人附加果報的相對力量卻顯得特別的強烈，甚至連個人自己的行爲不計算在內，都可以被抵消。反過來也一樣；一個人的行爲，可以直接轉化他人的生命，不論是在世者或亡者。神與魔之間的相互作用也是以此方式呈現。

再生理論的出現

隨著業力理論的進一步發展，「再生」（rebirth）理論開始出現，在印度思想中變得更重要。當人們以業力的模式來解釋事情，似乎相當合乎邏輯的。舉例說，爲什麼有些人生在富裕家庭，有些人生在貧窮家庭？爲什麼有些人長相吸引人，即使是嬰兒時就非常惹人喜愛，而有些人則較不討人喜歡。一旦遭受行爲果報的業力觀念建立了，就將這種責任延展至前世的傾向。但認爲死亡就是一切滅絕的民族，是不可能出現這種發展的。有些人可能會如此想，但是大部分吠陀時期的人認爲，死後我們會以某種形式存活下去。此時，不斷再生的觀念尚未建立。如同我們已經討論過的，業的觀念深植於宗族與家庭的環境中。父母遭受不幸是由於子女所造成的；或者父親與家族的不幸，是由於沒有兒子的緣故。這類事件基本上被認爲是惡業；此時，再生的概念，不斷再生的觀念，尚未出現；就像附加的「莫克薩」（moksha），亦即「解脫」的觀念尚未出現一般。

最終進展到兩種不朽的形式：身體與精神的不朽。身體的不朽，是經由個人的後代，簡言之即個人的子孫而獲得。精神的不朽則純粹是個人具有的本性，經由具有靈魂而實現。一個人可多次轉世（reincarnate），但是靈魂不會改變，始終保持相同。不論靈魂是否得到解脫，不論是否達成「莫克薩」，仍然是相同的靈魂。一個人若沒有證得「莫克薩」，其靈魂與證得「莫克薩」的靈魂是相同的。在最著名的印度典籍，《薄伽梵歌》（Bhagavad Gita）中有一個譬喻，描述身體如同一個人穿戴的衣物，或是換上的戲服。在本質上維持相同，在輪迴舞臺上是同樣的演員，但我們更換了戲服。改變的只是形相（form），但實體（substance），也就是靈魂，沒有改變。我們應該要澄清一點，從我們所了解的早期印度傳統，再生的字面想法是不可能的。我們是一樣的，但是形相不相同。再生的我們，沒有精確的藍圖。像是從某地去到另一地，或者我們改變外貌——我們感覺「新」，但是在內心深處，仍然是相同的一個人。

繼吠陀時期之後，我們將轉向古印度偉大的兩部梵文史詩，《摩訶婆羅多》（Mahabharata）與《羅摩衍那》（Ramayana）。在當時的印度思想，不存在業與再生的單一理論，業的論述與定義相對鬆散，沒有單一、清楚的定義。經過長久的時間，業的觀念才開始獲得道德的涵義，甚至更久的時間之後，才與再生的概念、死後不朽，以及出生前後的描述連結起來。

能量漩渦、原人、吉瓦與再生

即使如此，《摩訶婆羅多》對業與再生，提供了比從前更清楚的解釋。它與印度創世故事的泛神宇宙論有緊密的關連。這些神話的要點如下：在造物的初期，沒有混沌，只有能量的漩渦，充滿活力，生氣勃勃，從能量中生起了「摩訶菩如夏」（mahapurusha），意思是「原人」（primal man）。這故事有兩個不同的重點，個人與非個人的模式。前者，從原始宇宙的能量漩渦中，一種電的能量或類似之物的能量漩渦中，出現了「原人」。非個人的說法，對此原始物質有不一樣的描述，但是基本的思想是，在初始時有一種能量，這種能量解釋了其後的所有事物，包括再生。「原人」將此能量注入其他存在的生物，包含人類在內；所有的生命都彼此相互關聯，每一個都被賦予「吉瓦」（jiva），即生命精華。「吉瓦」也直接連通「回」到「原人」。或可稱此為眾生的有生原則（animating principle）。

「吉瓦」，主要是能量，與心有所區分，因爲那是不一樣的。事實上，身與心，或說一個有機生命的身心複合體是依賴「吉瓦」的原則。「吉瓦」與「摩訶菩如夏」（即宇宙原則）本身相連！在特定的範疇，不是要把這創始的故事與男女關係連結，與亞當與夏娃的觀念十分不一樣，沒有「墮落」，或任何那類的事情。印度的故事敘述是一種中性的歷程，至少在描述的層面上，與科學或經驗主義的解釋相似，沒有眞正的科學，也沒有涉及判斷。此處的重點是宇宙原則以及整個創始過程的產生方式，不完全是以靈性的方式來解釋。這是一種準物質論（quasi-materialistic）的傳說或見解。

一切都遵循這個創造原則。當人類從事隨後創造的行爲，衍生過程也順著類似的方式發生，由此而有明顯的能量傳遞產生。這種觀念的影響遠超出「摩訶菩如夏」；例如，在傳統印度關於受孕如何發生的敘述中就可以看見——男性白色的體液與女性紅色的體液結合，導致受孕。這些體液除了只是生殖潛能，或產生新生命的能力之外，同樣被視為某種充滿活力的物質。即使是孕育新生命的能力，也從源於原則本身的能量分佈流出。這原則也適用於死亡。當我們死亡時，依《羅摩衍那》的敘述，簡要地說，即是我們風的能量被擾亂了。這時我們可能生起死亡的念頭，開始想「我就要死了。」這種念頭擾亂了風的能量，或稱「氣」（prana），「氣」轉而擾亂應維持平衡的其他兩項元素，黏液（phlegm）與膽汁（bile）。風被擾亂時，我們無法適當飲食或飲食不規則，變得愈來愈虛弱，焦慮程度上升，死亡就逼近了。

這是死亡過程的簡要說明。首先是能量的流失，身體變得虛弱。即使在一個極度虛弱的身體內，生命的精華絲毫不受影響，不受任何在心靈或身體中發生的事情的影響。在某一時刻，生命的精華退出身心體，離開它的宿主，於是「我們」死亡了。但是故事並未就此結束，因為還有來世！在來世，必須面對我們所有的行爲——無論在前世做過甚麼，我們必須經歷死亡後的過程。《羅摩衍那》似乎說我們必須在一個期限內處理一切，但是佛教對業與再生的解釋並非如此；我們將看到，殘餘的業可以在多生多世中持續或成熟。一般的比喻是商業分類賬，比如陷入一種業力債務以及回存業力帳戶，這種比喻存在於所有印度文獻；由於共同的古老根源，也出現在佛教的文獻中。

婆羅門思想對業的論述

我們現在來看《法典》（Dharmashastras），這是婆羅門體系的重要典籍，其中對業的討論是根據個人的種姓（varna）——即生命中的地位，應該如何生活與做人的大量指示。在《摩奴法典》（Manusmrti）中，摩奴（Manu）提到：「行爲⋯起於意、於語、於身」。他列出三種導致造業的意志行爲：「覬覦他人財產（貪欲），心想不悅之事（瞋恚），堅執錯誤的教義（邪見）」。接著，四種造業的言語行爲：「粗言惡語罵人（惡口），說假話（妄語），誣蔑他人的美德（兩舌），說沒有意義的言語（綺語）」。最後，三種造業的身體行爲：「未經允許而取用（偷盜），未受法律准許傷害有情（殺生），與他人妻行罪惡交媾（邪淫）。」對於輪迴再生與業的因果關係，摩奴非常具體地敘述這類行爲的可能後果。舉例說，一個人由於意的行爲，投生爲下賤種姓的人；由於言語行爲，投生而爲鳥獸；由於不道德的身體行爲，投生爲無生物。在某些方面，他的觀念與佛教業的觀點類似，尤其在強調意的行爲是因果關係的主要媒介，甚至在投生爲動物，或投生在不同六道眾生的觀念上。這些觀念對佛教並不陌生，摩奴在業果類型的字面意義與直接性則更是強烈，而投生爲無生物像是植物，這在佛教理論中是不可能的。

《法典》中記載眾生受三種原則支配，稱之爲「屬性」（gunas）。事實上，「屬性」就像是特質，分別是「薩埵」（sattva）、「惹甲」（rajas）與「塔瑪」

（tamas）。「薩埵」的意思是善良，「惹甲」是熱情，而「塔瑪」則表示愚昧無知。我們存在的方式受這三種原則支配。善良原則代表的像是神，熱情是人類，而愚昧無知則是動物或野獸。摩奴敘述到：

由於執著感官的對境，以及不履行他們的責任，愚蠢者，最低下的人，得到最卑劣的出生。

在這世界上，個別的靈魂會進入甚麼樣的子宮，是由於甚麼樣的行為——要整體且依序地了解其細節。

譬如一個人遵從善良原則的生活方式，或「薩埵」，他可以再生爲三種不同類型的有情，每一種都是略爲高等的再生。他可以生爲苦行者，或是儀式行者，或是婆羅門。但也有其他的可能性，我們毋須深入探討。

熱情（「惹甲」）屬性者，最低下生命是生為人，這可以進一步的細分——最下層的是職業拳手，其次是國王，最高層是天界樂者。同樣，在人的類型內，我們見到另一類型，最低的等級生為舞者，中等的層次可以是國王的導師，最高階的則是豐饒天神。最下等的出生之一是生為賭癮者，在《法典》中，有許多這類性質的象徵論與類型。這是十分具體與特殊的。在愚昧界，「塔瑪」，最低下的出生之一是生為固定不動的生命，從只是活著的非人形態，到生為大象。在此愚昧的種類，最高階的出生是表演者，最低階之一是家畜，稍微高階的是老虎。

依據摩奴，一個人最惡劣的行為，可能是造作最嚴重的業，殺害婆羅門、從婆羅門處攫取黃金或珍貴物品、飲用一種叫「蘇惹」（sura）的烈酒，或與咕嚕（即師傅）之妻私通。「咕嚕」是指一般的老師，例如傳統行業與工藝的師傅。偷盜被認為特別可惡，而這些行為的後果，根據其犯罪的特殊性，都被詳細地逐條明列。比如說，偷竊牛隻，一個人可能再生爲蠶蜥；竊取糖蜜，可能生爲狐蝠；竊取穀物，可能生爲老鼠；竊取肉品，可能生爲禿鷹等等。從我們的觀點來看，在這詳細描述的模式中有一定程度的對應關係：竊取肉類，一個人會生爲肉食動物；殺害婆羅門，可能再生爲狗、豬或驢；飲酒者，可能生爲如飛蛾般的昆蟲。以上僅是摩奴作品中細節的一點體驗。

古代典籍強調「命運」，如同我們已經討論過的，這是爲什麼個人的行爲似乎帶有不成比例的力量，可以影響到與行爲者及行爲毫不相干的其他人。例如，生命會因死亡或失去財物而完全改變，而對受到影響的人是否應該有這樣的命運，則沒有任何概念。他們對於業的處理方式，在解釋上與佛教是有分歧的。《摩訶婆羅多》敘述：在有限的時間內處理我們的業，沒有眞正討論解決事情的經過細節，也沒有任何跡象表示在稍後階段，適當的情況與形勢出現時，處理殘存業痕的可能性。《摩訶婆羅多》說，假如我們得到加持，過著幸運的人生，但是未能承擔任何犧牲，沒有從事任何與法有關的活動，此生的一切可能很美好，但是來生將會變壞。如果我們此生是苦行者，遭受艱難，喪失快樂，來生將得到報償。此處與佛教的理解雖然有些相似，但《摩訶婆羅多》更爲鮮明。相較之下，佛教強調我們帶有各種混合的業，逐步且漸進地處理我們的業。下一章將進一步地探討這一點，特別是討論佛教業的觀點，包括早期佛教經典的觀點，以及後來大乘的觀點。到目前爲止，關於業的各種看法，我們試圖提供一個基本的背景與概述，以探討佛教的觀點。總而言之，關於業與再生，印度傳統典籍與佛教享有共同的觀念、相似的爭論與矛盾，但是兩者之間也存在著很大的差異。

二 佛陀的業力觀點

佛陀對於業的論題有極大的貢獻！很明顯，對他而言，業的意義重大。佛陀相信業，他相信他之所以能成佛，是由於過去生以及諸多因緣聚合所致。有些學者認爲，業的這個概念無法追溯到佛陀，聲稱那是後來的追隨者所添加的。這種主張沒有任何典籍的依據，而且與實際的證據正好相反。這個論點部分源自於現代學者無法承認古代東方人驚人的記憶能力；古代的東方人別無選擇，只能將大量的資料留在記憶中——這是一種延續至今日仍然保有的、文化孕育的才能。

在佛陀「般涅槃」（parinirvana，圓寂）不久，佛教的經典就結集了，毫無疑問地，佛陀本人直接談到業。對於佛教「三藏」（three baskets）中所含有的詞句，我們對其眞實性和準確性有眞正的信心。「三藏」是佛教經典的三種主要類型：「律藏」（僧侶的戒律）、「經藏」（佛陀的法教）與「論藏」（形而上學、哲學、邏輯或因明，以及佛陀在一些如醫藥等論題上的教示）。許多學者認爲律藏與經藏代表早期的結集，論藏則不是。關於佛陀業力的教授，我們首先將偏重於討論早期的經藏教法。這些教言在傳講後以巴利文保存下來，巴利文是一種類似於梵文演變而成的語言。

誠然，歷史上要追溯如此久遠前的事總是會有爭論。有學者質疑，業是否出於佛陀自己「原創」的想法，或者是受到其他思想體系，例如《吠陀經》與婆羅門思想的影響。其他的評論家則明確表示佛陀是業力概念的原創者。事實上，佛陀可能對當時廣泛流傳的業的其他理論十分熟稔，但這並不是最重要的。眞正重要的是，他相信業，並且傳授了許多關於業的開示。他不僅把原來陳舊的觀念放進自己的思想體系內，而且給予這個概念截然不同的詮釋，更重要的是以有系統的方式來談論業，這是前所未有的。我們不曾在其它的原始資料，譬如《摩訶婆羅多》（Mahabharata，印度古代梵文敘事詩），《吠陀經》或是《奧義書》（Upanishads，印度古代哲學典籍）中找到有系統關於業的描述或哲學。我們也無法在《吠陀經》與《摩訶婆羅多》中找到對人性明確的描述，正如我們已經看到的，它們不過是根據古老創世紀神話，基於某類人性的一種假設，定義人與家族傳承的關係，尤其是父系傳承。在這些古印度典籍中，個人的本性由這些外界因素所定義。現在我們將轉而研究佛陀本人對人性的看法，因爲許多都是取決於這一點。

佛陀對人性的概念與同時代的其他人不同。他的確隨順當時人們對身體的普遍理解，認爲身體是由地、水、火、風、空五種元素組成。當然，這不是像字面的意義所表示的：我們的身體由眞正的塵土構成，一團火在其中燃燒，或者我們的呼吸實際上是風在吹等等。它指的是元素的特質：堅固、暖熱、體內所需的液體、生命能量（prana，氣）、呼吸的氧氣需求，還有內部器官間的空腔所造出的重要空間。我們知道，如果這些空腔因爲疾病而被堵塞，如果有破裂或阻塞，或我們無法呼吸，我們就會死亡。當這五種元素存在時，身體維持著它緊密結合的本性，但是當它們在某種程度上停止作用時，身體就開始崩壞。

五種元素的這個觀念十分古老，在佛陀之前就已經存在，但是他相信並且接受這個人類的身體面向，並稱之爲色（form）。除了身體，佛陀添加了感覺（受）、感知（想）、性情（行）與意識（識），這些通常被稱爲五蘊（skandhas）。這是一個全新的觀念，在此之前，人們認爲個人是一個單一的實體，這是立基於二元哲學的一種分離身心的實體，而這種原則的信念，就像「吉瓦」或靈魂。外道或者說非佛陀的信徒，他們相信有一個身與心，還有些附加物。身與心密切相隨，而附加的實體，不論我們選擇怎麼稱呼：「吉瓦」或「阿特曼」（atman，梵文：大我）等等，保持獨立且永恆，而其他的事物則非如此。佛陀不認爲身心二者，以某種方式與另一獨立的實體神祕地連結在一起。他看到「吉瓦」這個概念的眞正問題，它似乎不能執行任何的心智作用，對我們看、嗅、嚐、觸、行走、計畫、記憶或任何其他事情沒有任何的幫助。

佛陀否定有一個額外的實體附加在身心構造上的模糊想法，這種想法沒有任何眞正一致或精確的描述。佛陀提出，見到我們本性的最好方法是將它看成由許多的元素組成。他非常務實地建議，要關注我們自己，在此之前，除了少數無關的例外情況，從來不曾有人眞正談論過這點。這種向內觀察涉及到一種鮮爲人知、有系統的禪修。透過反思，透過內省分析，佛陀找到透過審視它的不同元素，以瞭解我們自己本性的一個方法。例如，我們觀察自己的身體，看身體如何運行！同樣，觀照我們的感受，看它們如何運作，觀照我們的知覺，了解我們如何覺察事物。觀照我們的性情與意向，來推定它們如何導致某些固定習慣的形成等等。換句話說，我們詳盡地觀察事物，最終見到我們偏好某些事物，希望一再地接觸它，或希望能經常見到某件事物，或希望聞到某種特定的氣味。同樣地，我們觀察「識」，能夠認知所有這些事情的是「識」，「識」說：「我正在體驗這個」，或「我正在感知那個」，或「我這樣地感覺」，或是注意到對特定愉快的感知經驗的衝動，或是對某些令人不愉快的知覺經驗或感受的厭惡。

此種性質的觀察是「觀禪」（vipassana，毘婆舍那）的基礎，它與注意所有這類事情有關。我們愈注意我們的念頭與感覺，就愈接近觀禪的建立。因此，即便在我們思考、感覺與情緒之間，當我們經驗到它們時，若我們能注意，就是在做觀的禪修。然而，通常不被認識到的是，我們不僅僅是做被動的觀察，而且是要建立連結與相互連繫，觀察各種因素如何彼此影響——例如，在任何時刻，我們的感受是如何實際引導我們去看，或我們的感受是如何引導我們的耳朵，在任何特定時刻聽到我們實際聽到的聲音。畢竟，兩個人可以在同一個房間裡，一個人會聽到一件事，而第二個人聽到另一件事。如果有第三者在場，或許甚麼都沒聽到。因此，通過這樣的建立連繫，我們更能瞭解事情實際上是如何運作的。再一次，這不是單純獨自地觀察事情而不作連繫，這是相當常見的錯誤。狹隘的禪定專注或許可以幫助我們集中注意力，但是卻無助於任何資訊，因此不能給予我們任何的智慧。這樣做時，只是看著我們的念頭。另一方面，如果我們堅持下去，並且觀察這種相互連繫的發展，就會注意到，我們感官的感知影響著我們的思想模式、感受與情緒，所有這一切都彼此互相影響。

經由有意識的覺知，我們看到所有這些活動的廣度。我們開始意識到我們對自身的想法，對我們行爲的思考方式，以及解釋它們對我們的環境與他人的影響，這一切總是在改變。我們始終處在動態的環境中，除此之外沒有一個不變的實體。佛陀不認爲有一個永久不變的靈魂這樣的事，他堅決否定這一點。他確實同意一個可運作的自我，但不是一個永恆的自我。對佛陀來說，人的身體由五種元素組成，而生理及心理則由五蘊組成。經由訓練的省思，我們可以詳盡地體驗其組成，最終確立沒有任何不變的本性，沒有一個不變的自我。因此，當我們說某個人造業，那不表示說一個有不變本性，具有內部「眞實自身」（true self）的人造了業。這一點與印度古典文獻相比，是根本且徹底截然不同的。印度古典文獻說，身與心如同穀殼，而「吉瓦」或「阿特曼」則是穀粒。剝除穀殼後，穀粒就顯露出來。因此，對這種觀念的信徒來說，「阿特曼」被認爲應該爲我們所有的行爲負責，而從它產生的一切、造作的任何業，都被視爲究竟起源於這堅實的核心。

佛陀從根本上挑戰以《法典》（Dharmashastra）爲代表的婆羅門教的業力觀點，婆羅門教主張出生於崇高地位或「出身高貴」（high birth）的人，其身份是他們應得的，此處高貴是與生俱來的權利。一個人的種姓階級決定了一切。那些生於貧窮家庭或低階種性的人，無論他們的行爲價值與品格特質是如何的優秀，都自動被鄙視，被拒於社會的認同之外，且任何升遷的機會都被阻斷。佛陀對此極不贊同，他堅決反對一個人生而高貴的這個觀念，以及出身高貴象徵一個不變事態的這種想法。在巴利《經集》（Sutta Nipata）中，佛陀說：

「的確，在此世界上此處及彼處出現的稱呼、名譽與宗族，是按慣例而決定的。一個人靠著出生而成為婆羅門，無知者告訴我們這個長久潛伏未知、毫無根據的見解。人成為婆羅門或非婆羅門，不是靠著出生。人成為婆羅門是由於業，而成為非婆羅門也是由於業。智者看見真實的業，緣起的觀見者知道行為的果報。世界因業而存在，人的存在亦因業，行為束縛人猶如高速移動的車輪受輪轄束縛。」

與傳統業的說法比較，佛陀更加重視個人的行爲，這是崇高的成就，而且是完全獨特的見解。傳統業的說法強調宗族，以及家族份子之間的業果互貫性：父親因兒子而受苦；兒子代替父親受苦等等。然而不能說佛陀看輕婆羅門，或以社會正義的理由而否定他們。他僅只是將出生爲婆羅門的幸運，看作與其他種類的幸運相同而已，就如同生而富有、美麗、強壯等。重要的不是由於出生或我們出生時的優勢，而是爲什麼人會生於富庶之家、生而美麗或強壯。生而爲婆羅門可能是件好事，但那是因爲他過去的行爲，而不是他的出生；這是造成差異的原因。在某種意義上，婆羅門在過去生，或多生多世之前曾作過好事，導致他們現在有利的境遇。但是根本上，他們與其他任何一個人沒有什麼不同。佛陀的基本要點是：使我們成爲高貴的是由於行爲。只要發展健全的品格並且培養必需的精神與心靈的能力，事實上我們就可以成爲高貴的人。即使貧窮、沒有權力的人，如果他過著有尊嚴的生活，那就是高貴；反之，有錢有勢的人若過著有損尊嚴的生活，那就是卑鄙。

業不是一種必然的規律

佛陀認爲每個人都有機會是優秀的！而成爲一個婆羅門，一個眞正的婆羅門或高貴的人，不是因爲父親是婆羅門而得到的結果。它是由於努力工作，以正當的方式生活，在眞正的意義上過良善的生活。我們將《增一阿含經》（Anuttara Nikaya）中的一段話意譯：「若一個人認眞工作，過著道德的生活，沒有人能阻止他過有福的生活，那是肯定會發生的。他將免於自然災禍，或其他的災難。」在這部經中，佛陀說沒有人能夠奪走我們的善行，這是值得注意的。因爲在前面我們曾經看到過，我們善行的果實可以被奪走，這正是《摩訶婆羅多》（Mahabharata）所允許的。即使在西方，人們持續相信這類事情；但是佛陀明確地表示，這是不可能發生的，並且努力消除我們在這方面的恐懼。

與他那個時代傳統的觀念相反，佛陀不認爲業是一種必然的規律，是機械式地運作。相反地，佛陀對於因果機制的運作給予了彈性，換句話說，存在的因不一定表示果會隨之產生，或者果與因會精確且直接成比例的產生。

佛陀說法時，持續使用種苗的例子，這是很古老的譬喻。或許是因爲它與業的因與果，在容易變動的特性上有很大相似處之故。也有其他的譬喻，但都不是很貼切。首先，要有合適的環境才能使種子發芽——適當的濕度、陽光、土壤條件等等——即使如此，也無法精確地斷定它是否能發芽，也無法斷定發芽的期間。這粒種子有可能不會產生任何結果——即使種子被播種在一個幾乎完美的環境，悉心照料，芽也有可能不會展現。在這譬喻中有種種的因素，這些都顯示業不是一種一對一機械式的運作，至於業是如何在內心中造成，則必須要有適合的環境讓我們的念頭——業的種子——生根。在此情況下的環境通常是指我們一般的心態與信念。當一個新的念頭在心裡浮現時，念頭會發生甚麼情形，要視當時的心理狀態而定。那個念頭是否會生根茁壯或是幾乎沒有機會生存，都依賴這個環境。因此，種子的譬喻被持續使用的理由之一是，播種後會發生甚麼是不可預知的。種子可能會失效或只產生很微弱的結果，如枯萎的樹苗、或突然像野草般瘋狂地成長。我們的許多念頭、覺受等等都是像這樣的存在，端視環境而定。譬如，當我們情緒低落時，或當我們意志消沉時，腦中生起的念頭，就會受到這種情緒的染污！即使積極的想法突然出現，也會多少帶一點消極的態度，這就是業的運作方式。業的種子播下，然後依賴條件，種子可能保持蟄伏很長的一段時間，或可能在很短的時間內就發芽。所以，可以這麼說，果不一定是因的直接複製品，在原來的因與後續的果之間沒有必然或直接的對應關係。這裡涉及變數，那可能意味著在特定的情況下也存在著不變性。

雖然每一個人無論其行爲如何，都必須承受行爲的業果，但總是會有變數或彈性成爲業力作用的一部份。例如，在《阿含經》〈相應部〉（Samyutta Nikaya）中，佛陀說，即使活著時犯下大錯，這人也不必然會墮入地獄。這種觀念經常被看作是現代的觀念，却可以在這部經中找到。此處的論證是，我們一生中所作的心智活動，其中具有最重要意義的是我們在死亡時刻的想法。這裡所講的是，當「盤點」我們的一生時，我們誠摯的特質與深度：回顧、反思我們的過往、懊悔某些事情、希望我們在這裡或那裡能做得更好些等等。即使在這一階段，已經無法再做什麼事了，但是以這樣的方式反省是重要的。當然，這只是我們可能會使用的詞彙或想法的一些例子。佛教徒或許會反思，感恩佛陀與佛法，以及一些寶貴的禪修機會，或是能遵循法道，或者我們可能回憶起在某些時刻曾對某些人仁慈，幫助鄰居；反之亦然。根據佛教，這類的想法在很大的程度上會緩和一個人的生命環境。當然，持相反的態度，帶著怨恨、悲哀，則是十分不幸。想著「爲什麼我就要死了？我的朋友大大不如我，卻仍然活得好好的，而且一切順遂！」這種反應沒有一點幫助。

業的關鍵因素——品格

正如到目前我們已經看到，佛陀對業的兩個主要主張是：個人要對自己生活中的行為負責，以及這些行為的後果並不是不變的。即使我們做了邪惡的行為，不一定會受到懲罰，不論是下地獄或其他類似的事情。我們可以在死亡時刻彌補。還有，在佛教中，地獄本身不是一個永恆的處所，它也是暫時的。第二，佛陀特別強調品格的概念，認為是業的關鍵因素。活著的時候，我們應該想想自己成為什麼樣的人，重要的不僅只是所作的行為，還有隨它一起形成的品格。當然，品格與所謂業力傾向的積累有關，這是佛教哲學存在已久的一部分。雖然沒有十分明確地敘述，但隱含在經文中的是一個人在嘗試發展某些品格特點時，由於努力的結果，他實際上變成一個不一樣的人。再一次，這又回到與「無我」（anatta）的思想有關聯，或是行爲者的忘我無私。以現代的說法，我們可以說這不是試圖要找出「我是誰」，彷彿那是一個不變的事物，或「我究竟是誰」。更確切地說，我們存在的整個重點是，學習以不同的角度來看事物，以不同的方式來感受事情。此刻，我們回到五蘊——不一樣地觀看與感受事物，不一樣地認知事物，並且嘗試開展不一樣的性情（無論如何，這將隨之而來）。這是發展能讓此生過得充實所需的品格方式，有助於來生。

與佛教生活有關的品格通常被設想爲樸實、低調並且目標堅定地著眼於幸福來世的未來回報。佛陀並不特別鼓勵那樣的理想，而是著重於品格的概念。它本質上以無私爲中心。若一個人此生犯下大錯而能深心懺悔，則能成爲高貴的人。若一個有名望的人，一個所謂高貴的人，終其一生都傲慢又自大，沉溺於相關的惡行，此人不是高貴的。無私概念的意義就是這樣。這是一個人建立品格的方法。我們必須再次記住，在佛陀的時代，大部分的文獻幾乎都是從行爲的角度來談論業，當然會認爲以特定的方式造作行爲（業）會帶來某種結果，但是建立品格的概念，深思熟慮去發展一個人眞正應該成爲的那種人的概念，則完全不存在。如我們所見，傳統的方法主要關注於盡個人的職責、執行獻祭與儀式等等。對佛陀而言，作爲個人，自己必須承擔責任的行爲是我們所做的行爲，而不是我們的家庭或社會的行爲。

然而，並非我們經驗到的每一件事都是由於業，這是佛陀思想另一個創新的部分，卻有點被忽視了。佛陀不曾說，我們所有的經驗，不論是愉快的或不愉快的，都歸因於以前的作爲，我們可以經驗到一些不是我們需要負責的事情。最終，我們處理事情的方法才是重要的，那是品格的反映。要建立自己的信心，如此我們就不會有如此多的問題，想著「這確實是我！」或問「甚麼是眞實的我？」相反地，關注於自己的各個面向，然後致力於特定的事物，思考「我如何感覺？我如何感知事物？」這一類的事情會更加有益處。認識到發生在我們內心與身上的許多事情，能夠幫助我們建立起品格，成為更堅強的人。在這一刻，我們就能夠行為高尚。因此，行為高尚的人是具有品格的人，而卑鄙者則無品格。

佛陀是一位非常務實的老師，他具有偉大的智慧，同時懷有形而上的思想，但他務實的精神從未迷失於抽象的概念中。實際上，業與再生可以被認為是形而上學，但他將這些觀念建立在以實證為根據的基礎上，在那些我們可以經驗到的事物上。佛陀的最大貢獻就在於，他將形而上學與日常經驗結合在一起。他不是抽象地談論靈魂以及靈魂通過不同生命間的旅程，他更關注如何在日常生活中體驗事物。

當佛陀說可以成為一個高尚的人或卑鄙的人時，他也暗示著一種死亡與再生的形式，我們可以變成一個和以前不同的人。然而與這背道而馳的是，我們通常完全貫注於一個不變的、潛在的自我。採取這樣的過程，自我轉化的整個概念就不能成立、不現實。那將是一種表面的改變，類似於演員換穿戲服！如我們所知，這形象化的比喻正是傳統永恆主義者所使用的。佛陀否定他那個時代整個永恆主義的架構。他說演員與戲服是同一的，我就是我正在扮演的那個人，無論我們如何表演，無論如何投射自己——那就是我們。如佛陀所說，那是我們所需要的，不需要「額外」之物。

行爲的實行者不是一個與他的行爲毫無關聯的動作者。雖然人們通常認爲一個人所做的行爲與做這行爲的動作者是分開的——行爲是一件事，而行爲的動作者，也就是行爲者與行爲是不同的一件事。在某種意義上這似乎有道理，因爲單一的行爲者可做許多件不同的行爲，而行爲者在他的一生中似乎始終保持相同。佛陀完全不同意這一點，他認爲行爲者與行爲可以說是糾纏在一起的。行爲者由於他們所做的行爲，自身產生了變化。換句話說，從事的行爲，也就是業的活動，在行爲者身上產生影響。這兩者會相互的影響，不變的行爲者執行不同的行爲後，自己不可能保持不變。在當時，這是個全新的思想，如同我們曾討論過，當時盛行於印度的思想總是將行爲者定位爲保持不變，只有行爲改變，與之相比較，這是不同的。

再次重申，基本上「業」表示「行爲」。當談論「業」，我們談的是行爲，佛教則必然會以因果關係來思考。行爲的造作是由於某些預先存在的因與緣，引起了我們去做某種特定行爲的動機，由此產生了業果。行爲的造作，通常有推動的因素。我們受到驅使去做某件事，而在我們造作這些行爲時，基於那些衝動，行爲於是產生相關的果。如我們所見，這不表示所做的每一個行動必有特定的因以及特定的果。因爲沒有更好的詞語，佛教的業力理論，無可避免地與這種因果機制連結一起；因此與個人的責任連結，而非天神的統轄。引用佛陀的話：

我擁有自己的行為，我是行為的繼承者，行為的親屬，皈依行為的人。不論做甚麼行為，善或惡，我將成為它的繼承者——這是女人、男人、家主以及持受戒律的僧人應該反覆思惟的。

佛陀解釋，根本上個人是由許多不同的元素組合而成的和合物：身體與精神——身心的複合體。因此，我們的感覺、念頭、情緒、記憶、性格傾向、我們的感知能力、認知能力以及我們的身體條件——這一切都不斷地相互作用，彼此互相影響。

行爲者本身也持續與其他行爲者相互影響。從邏輯上說，我們不需被強迫認爲自己等同於一個單一的事物，心理的一個核心要素，因爲它確實是處於一個恆常流動變化的狀態。在這意義上，業的運作可以說是一連串人際脈絡的業力過程，一切有情眾生都被包含在內。掌握這種方法最重要的原則是仔細觀察事物，因爲事物的本質是複雜的。認知這一點會給我們帶來很大的回報——事實上就是「認識」。若反其道而行，過度單純地觀看事物，會讓我們陷於無明之中。

佛陀完全相信這一點，這是爲什麼「法」在這背景下，其字面意思是闡明現象的教授。在這裡，「法」指的是元素，通常是指構成我們生命、存在的精神與身體要素。透過諸法之間的相互關係，行爲者與行爲在業的這個觀念中彼此完全連結在一起。佛陀很獨特地挑戰一般「常理」的感覺，我們通常認爲有一個不依賴於行爲的行爲者存在，他對這種行爲附屬於行爲者的單向模式提出質疑。佛陀認爲，我們成爲我們目前的這個狀況，是由於我們的所作所爲導致的結果；因此，在更廣泛的意義上，更重視業或行爲的重要性。如果不去思考業，我們就不能算是眞正的佛教徒，因爲我們將無法充分了解，作爲一個人我們是誰，或者我們是甚麼。

看到這一切在發揮作用，我們可以成爲不同的人，畢竟這是開始踏上佛教修行之道的關鍵。事實上，我們可能不會踏上如此的道路，如果我們內心不曾感受到許多的不平衡與衝突——這本身就是一種狀態，它顯示我們人格的眾多不同要素。事實上，我們可能永遠不會眞正確信找到了「我們自己」，即使我們最終在喜瑪拉雅山上禪修多年，想要去掉所有的障礙與包袱，拋棄各種東西，最後在一個大突破的時刻達到極喜的狀況。即使這時，在這十分眞實的情境下，在內心深處可能還是存有揮之不去的懷疑，認爲我們可能在欺騙自己。佛陀認爲本體的實相比這還要多更多！他說，經由探討那些我們實際看到的關於自己的事物，來尋求更多的確信是更有益且更具啓發性的。

在佛教中，這種諸法的相互關連性稱爲「相依緣起」。由於諸法因緣生，我們的觀點並非一個單獨的行爲者造作種種行爲，而是一個複雜的多面性個體參與許多不同的角色，與極複雜的世界互相交錯在一起。這是一切的眞正核心，事實上是強調修持正念與正知背後的眞正原因，因爲如果事物本身是單純的，就沒有必要過份關注它們。如果事實眞是這樣，我們可以持續不斷地去挖掘這單純的眞理核心；一旦找到了，保證我們能擁抱某種無盡的狂喜與感受。但與這概念相反的，佛陀教導說，學習關於業及學習自己的一切，就像其他的一切事物，因爲它們涉及到觀察事物如何運作，從內到外以及彼此相互間的關係。這是揭開無明的面紗並得到眞正了解的方法。佛陀也說，我們應該了解諸法無實質且無常，這通常都被詮釋爲負面的；它不一定有如此的意義；相反地，它只是一種鼓勵大家去注意現象本質的方法。眞正審視現象時，我們會發現自己別無選擇，只能認出它們的無常性與無實質性，這對我們是件好事，而且是不可避免的！因爲這就是我們所具有的實相。如果我們如實地看事物，那麼眞正的轉化就會發生。

因爲沒有認出事物是和合的複合物，或如人們所說的「蘊」，與此同時我們也無法見到業是如何地被造作出來。更且，就佛陀而言，因爲我們是這樣的眾生，無可避免地就必須去面對並處理業。如我們所見，業與佛教要減少痛苦的目的息息相關；我們愈瞭解自己如何造業，我們就愈有機會達成這一點。我們對業的了解愈少，某些行爲被重複的機會就愈大，我們就無法從錯誤中學習！由於根深蒂固的習慣會發展出某一特別的性格，當我們根深蒂固的習慣被設定了，我們的痛苦就會永久地存在。我們受苦是因爲不留意因果關係，不曾正確理解甚麼會帶給我們生命中的滿足，以及甚麼能讓我們蓬勃地發展。

行爲者處於一種不斷變化的狀態，所以佛說我們再生，再次取決於這樣的一個觀念：即使還活著時，我們已經不是同樣的那一個人。出生時的這一個人與在生命終點死亡的這一個人，並不完全相同。這被形容爲「相同，但有異」（the same,but different）。因此，要理解以另外一種生命形式再生，以下的思考是有幫助的：這再生的「個體」，或不論我們如何稱呼它，與前世的那個人並非完全相同。然而，再生的生命仍然攜帶某些性情特徵、某些精神印痕，或說業的印痕，從過去生來到此生——這種情形會繼續下去。對我們而言，這是眞實的，即使在我們現在的這一生。很明顯的，畢竟出生時的那個人與死亡時的那個人是不相同的。一個剛出生的嬰兒與一位八十歲即將死亡的人，是不相同的。因此，再生的觀念是從那個概念推導得來的，如果所有與「是」（being）的觀念有關的事物均與「成爲」（becoming）的概念緊密相連，那麼，是這樣或那樣的人，就與「成爲」這樣或那樣的人沒有差異。

再生與轉世的區別

我們需要明確地區別「再生」（rebirth）與「轉世」（reincarnation）這兩個概念。它們指的是不一樣的事情，雖然這兩個名詞經常被交替使用。本質上，轉世是指完全相同的一個人在另一世回來，這牽涉到有一個內在的自我，「靈魂」。佛教再生的理論並不認為完全相同的人在死亡後，隨後承接一個不同的生命。事實上許多佛教徒可能相信轉世這樣的事情，但不表示這就是佛陀的教示。思惟再生的問題時，我們不應該認為相同的一個人，或有知覺的生物，被重生。

如佛陀自己所解釋的，它是「相同，但有異」。這裡探討的是相續的概念，而不是一種不變的實體，持久且從一種存在的狀態轉移到另一種狀態。這種相續的觀念貫穿於佛教的經典中，鼓勵我們在旅程的不同階段，實際地重塑自己。如果我們檢視自己所有的面向，變化將是眞實的。我們的確眞實地改變了。對佛陀來說，在生命的不同階段，我們既是相同，但又有異；同樣地，關於再生，在業的強制下回來，它不是眞正的「我們」。「識」被某些已經轉移到我們心續內的性向所推動，而這些性向被一起帶到我們的新生命。

眾生是業的繼承者

佛陀稱這爲「中道」（middle way），而稱那些相信有一個靈魂概念的人爲「常見者」（eternalists）。認爲完全相同的人或有情眾生反覆重生，在佛教的名相稱爲「常見者」。而那些堅決主張死後不再有生命，在最後一刻終止之後，沒有任何事物會持續存在的人，佛陀稱之爲「斷見者」（nihilists）。中道的方式避免這兩種極端的觀點。在造作業的行爲，思惟死亡後以某種形式存活下來時，以這些名相思索生命，我們會認識到業不僅決定我們的再生，同時決定個人身體、精神的差異以及個人的特徵。佛陀被問到下面的問題，引文來自於《中阿含經》（Majihima Nikaya Sutta,Middle Length Sayings）：

尊者喬達摩，因是什麼？即使具人身時，就可見到人的低劣與傑出，原因是甚麼？尊者喬達摩，見到短壽者，也見到長壽者；見到多病者，見到無病者；見到醜陋者，見到美貌者；見到羸弱者，見到強壯者；見到貧窮者，見到富有者；見到家庭卑微者，見到家庭高貴者；見到少智慧者，見到具智慧者；尊者喬達摩，因是什麼？即使具人身時，就可見到人的低劣與傑出，原因是甚麼？

佛陀的回答簡明扼要，他說：

因為他們有自己的業，年輕的婆羅門啊，眾生是業的繼承者⋯業區分了眾生，也就是說，低劣與傑出。

佛教不把個人的差異歸因於單純的因素，例如環境，而是業。我們生而成爲現在的狀態很大程度是由於業，那是我們繼承的業。那是爲什麼有些人富裕，有些人窮困，有些人漂亮，有些人醜陋等等。或者有些人有潛力變漂亮，而貌美者也有可能變醜陋，這也可能歸結於業。如同我們已見到的，佛陀高度批評那些得自於出生與血統的權利。例如傳統的印度，一個人只要出生在上等階級就自動確保被接受爲高貴，而不論這個人的道德如何。在階級制度的另一端，貧窮與條件不利者，也可以經由他們的行爲而變高貴。出身貧窮可以歸咎於業，但是一個人可以努力提昇自己脫離那種狀態。依佛陀所說，一個人由於行爲而變得高貴，並不是由於出身。由於業，我們可能沒有很多的機會，但是正確地做好當前的事，我們可以創造機會。一個人可以在社會階層上下移動。

我們的行爲取決於對事物的感知、對事物的想法，因此經驗到的情緒種類，而這再次把我們帶回到所作的行爲上。如何應對這些多層次的經驗，最終決定我們是否成爲高貴或卑鄙的人。個人要爲自己的行爲負責和造作自己的業，因此必須爲這些行爲承擔責任；然而，如我們所見，在業的概念上，個人責任的範圍與程度總是難以精確地斷定。它是全部的嗎？一個人所有的業力行爲，純粹是以個人爲基礎造作的嗎？佛陀認爲不是，佛陀說：雖然單一的個體很可能造作業的行爲，但業如何成熟則是不定的。有可能在某類公共的環境出現，因此，它可以表現爲共業經驗的形式。譬如說，當負面的事情發生在一群人身上，或許是一個家庭，每個人都會遭受到痛苦。盡管這痛苦是源自於單一成員的行爲，其他的人仍然受苦，這不純粹是因爲那位特定成員的行爲，而是由於每一位過去的行爲，導致他們全部匯聚在這個共同的經驗點，大家全都受到不利的影響。

相反地，當好事發生在一群人時，在大多數的情況下，這並不完全是偶然的，而是由於共同擁有與所產生的類似的業力歷史，創造出共同的經驗。換句話說，雖然個人造業，也沒有人會無緣無故地受苦。那些由於特定個人的行爲而受苦的人們，是因爲他們自己的業力歷史。它可以被想像爲業力網絡或業網，由於共同的業力歷史，業網中的每個人經驗到痛苦或好運。據說共同的業力經驗可以影響我們的環境，包括自然界。這個想法可以在佛教經典中看到，基本上它就是我們所說的「祈禱的力量」背後的原因，這在佛教中確實被認爲是有裨益的。

業的集體力量

當我們將業的集體性包含在內時，業事實上更有意義，因爲它強調生命中業的相互關聯性。假如一個人的業與另一個人的業是相連的，則一群有關係的人將產生群業——共業。事實上，在西方我們已經相信這一點。例如，當一大群人變成負面的，我們相信他們的精神實際上已受制於「集體性歇斯底里症」，而在這種狀態下可以造成巨大的傷害與毀滅。業只能從一個方向運作而不能反向，這是完全毫無道理可言的；即使如此，我們似乎也不認爲它能以相反的方式，以積極正向的方式運作。如果我們相信「集體性歇斯底里症」這類的事，我們明顯肯定人們精神融合在一起的能力，從某種意義上說他們的心合而爲一。若在負面的心態是可能的，要創造某種正向的事也應該是可能的。實際上，其結果應該更有效。不幸的是，我們總是傾向於相信負面的行爲方式，不論是任何形式，個別的或是集體的。在個人的層面上，我們認爲：「我只是一個人，我能做甚麼？能有甚麼效果呢？」而集體地，我們也認爲：「唉！這樣做只是浪費時間，能產生甚麼差別呢？」

宿命論與自由意志

佛陀不斷強調我們有能力減輕過去業的影響，只要透過行爲——廣義的說，就是我們的所想、所說與所做；我們能夠影響未來的業，影響因與緣。因此，佛陀不認爲宿命論（決定論）的議題與自由是兩個完全相反的概念，如同今日經常被提出的。無論將我們的情況看作是自由或不自由的，都是採取二元的觀點。佛陀相信溫和的宿命論，他承認過去的行爲對現在的生活經驗與情況有非常顯著的影響，但他同時指出我們擁有自由可以改變我們的行進方向，某些事或許是被預先決定了，但那不意味著我們沒有自由可選擇人生的方向。自由意志與決定論是一起的。事實上，如果我們認眞思考這件事，我們會發現，唯有在某些事情是被預先決定的狀況下，才可能有自由意志，否則自由意志本身就成爲宿命論的一種形式，因爲我們總是會那樣做。無論要採取任何的行動，我們總是會去做，那不是自由意志。譬如，做任何我們想要做的事情不是在行使自由意志，因爲已經有先決條件讓我們能夠去做。在這種情況下，我們的行爲與行動被這些預先存在的——地理、文化、生物、社會、心理等等條件預定了。這些因素創造出條件，而產生我們居住的境況。要行使自由意志，在任何眞正的意義上，意味著要能反抗這些決定因素，不論是哪一類，要能夠克服這些障礙。假使我們能夠這樣做，就是在行使我們的自由意志。

如果我們相信業，就必須相信自由意志的這個面向。業有兩個面向：宿命論的面向以及自由的概念。誠然，我們的人生、生活方式，受制於某些預先存在的條件，那不表示我們必須持續受困或受限於它們。事實上，佛陀的確將舊的業與新的業做了區別；前者比後者有較強的宿命論。舊的業留給我們的選擇比較少，即使如此，就過去的業如何顯現或如何成熟而言，我們也不是毫無選擇的。

有關身體疾病的方面，業力理論中宿命論的程度甚至引來更多的爭論。然而，佛陀說身體疾病的因不一定是由於業。如果他不曾講述過這些，他可能給我們留下一種業力宿命論。以下的對話是佛陀許多教授的形式。尸婆迦（Sivaka）問佛陀一個問題，佛陀回答說：

「在這裡生起的某些感受，尸婆迦！或由膽引發，……或由痰引發，……或由風引發，……或由身體體液，……或由季節變化而生起，……或由遭受不幸，……或由突然的襲擊，……或由業的果報而生起。

你自己應該可以知道這些，尸婆迦！在這裡生起的某些感受或由膽引發而生起，……或由業的果報而生起。

這是世間所認為的真理，尸婆迦！在這裡生起的某些感受或由膽引發而生起，……或由業的果報而生起。

現在，尸婆迦！那些遁世者（沙門）與婆羅門如此說，持此觀點：『任何有情眾生經驗的，不論是樂、或苦或不苦不樂，全都被歸因於以前所作，』他們逾越個人的認知，以及世間的眞理。因此，我說：『這些遁世者及婆羅門是錯誤的。』」

此處，佛陀似乎對業的運作提出了警告。這段答覆是以印度療癒傳統，阿育吠陀醫學爲背景，它將疾病定位爲體液、痰、膽等的不平衡，與婆羅門的信仰相反，結論似乎是，雖然我們的許多疾病可能是由於業，但是並非所有我們感受到的，包括身體的疾病，都是因爲業的緣故。雖然佛陀並未明確地如此說，但這個主張顯示，我們的病痛有可能僅是出於對身體健康的輕率、疏忽或漠不關心。這類行爲可能導致我們遭受病痛，這種論點與佛陀對業的其他說法一致。在一座建築工地外，一塊磚頭可能掉下來砸到我們的頭，但這也許不是由於業——要考慮運氣或機遇的成分。業是一種因與果的理論，但並不是一旦有某些業的因與緣存在，就立刻導致業的果報。各種各樣的事物都必須存在，業果才會成熟。有時果報可能會延後，這通常歸因於大多數人並非完全是惡的，或完全是善的這個事實；而且有時好人做壞事，壞人做好事。我們的業在大多數情況下是混雜的。

在行爲與果報之間，一對一的關係，進一步的修正因素是在死亡時刻的「盤點」，如同我們已經見到過的。總體而言，如果我們這一生都過得不道德，生命中這個最重要的時刻可以改變我們的精神境界，並有效地克服在這時刻之前所累積的眾多惡業，對我們下一世的結果可能是有利的。不過這不一定表示我們已經避開了過去業力行爲的果報。這些業的種子可以保持蟄伏，一旦死亡時所造的善業果報本身逐漸消退或耗盡，過去世存在於個人心續流中的業力種子有可能重新浮現。那個業或那個業的果報，在適當時機的某一刻就決定了。

因此，我們看到佛陀十分重視品格的觀念，它隱含於死亡時的決心，但是最好在死亡來到之前就能好好思考。我們需要注意行爲，但是要更重視我們成爲甚麼樣的人。一個好人、一位有品格的人偶然做了件壞事所產生的果報，與一個壞人做了同樣的事，果報是不一樣的。因爲佛教堅決主張，我們沒有一個不變的自我本體，所以品格的概念非常重要。在自己個性的持續存在下，我們剩下的想法是什麼，取決於我們在生命的過程中自己建立的品格。品格構成我們做爲一個人的總和；它代表了我們的人格。所以我們成爲甚麼樣的人、哪一種人，比我們所做的行爲更重要。我們所做的行爲，必須以我們是甚麼樣的人的角度來思考。

這是很重要應該思考的，因爲那意指兩個人在某一個特定時刻做同樣的事，未必擔負相同的業債。某些行爲的產生，不論愉快與否，也不表示我們將立即經驗到所有業的果報，那可能會階段性地發生。舉個容易理解的例子，如果一個善良慷慨的人培養了好品格，將吸引他人並結交許多朋友。這些朋友也很親切地回應，促使那個人在很短的時間內就變得很活躍。這個人確實變得對他人有吸引力，而人們在社交或工作上各方面，無可避免也自然受這人吸引。此處我們可以看到業產生明顯肯定的結果，但是佛陀明確保證眞正的業力果報，一個人業的完整果報，來生才會成熟。某些業果可能在不久的將來就成熟，但是其餘的業果則在來生才會成熟——因此，它可以階段性地成熟，而無須同時成熟結果。

業與意向

佛陀對業力觀點的另一關鍵是「意向」（intention）。業的行爲與我們的「意向性」密切相關。雖然「業」的字面意思是「行爲」，但不僅只是行爲本身具有預兆。造作行爲時的意向，實際上比行爲本身更爲重要。我們可以清楚地看到，例如在律藏（Vinaya）中，比丘、比丘尼行爲的規條，有許多罪行被用類似法律的語言勸阻。此處，行爲很清楚地是依行爲者的意向來判定，這與佛陀同時期的許多印度教哲學非常不一樣。舉例說，耆那教（Jain）提倡「不殺生」（ahimsa）的觀念。他們會戴著面具（現在依然如此），防止不幸的昆蟲飛進他們的口中，他們赤足行走以避免踐踏地面上的昆蟲。他們不是要保護自己免於昆蟲的傷害，而是保護昆蟲免於人類的傷害。人們可能會形容這種行爲背後的意識形態是沒有「意向」的業，因爲意向完全沒有被考慮在內。耆那教認爲，不論一個人是否有殺生的「意向」，都沒有任何的差別，因爲動作是一樣的——「意向」與結果無關。佛陀的想法正好相反，對「意向」高度重視。在無知的狀態下做一件事，與帶有「意向」去做同一件事，果報是不相同的。依著這邏輯，產生了與「意向」有關的概念：做事的深思熟慮感，計畫與預想的程度。佛陀非常清楚這些因素的重要性，許多西方學者事實上讚揚他清楚闡明這個觀念。

減輕罪責的開緣

減輕罪責的開緣，其作用與「意向」相似。造作某一特定的行爲時，伴隨著相關減輕罪責的開緣，佛陀是承許的。一個人以某種方式行動，按照減輕罪責的開緣，不一定會感受到特定行爲「通常」的後果。舉例說，若我們做了件善事，卻對它感到疑慮或後悔，那麼，那件善行的福德就會減損。反之，若我們做了件糟糕甚至是罪惡的行爲，但事後我們懺悔，那麼，可能積累極深的負面業力，其後果就會減弱。因此，一個人以特別的方式行事，不表示他或她將與另一個做相同事情的人遭受同樣的結果，或一定程度的後果。佛陀說，我們不應該後悔善行，要懺悔罪行。在前者的情況下，例如我們慷慨布施，但是後來卻認爲「哦，天哪！我究竟做了甚麼？」我們本來可能積聚的福德（如果我們不曾後悔的話）最終減弱了。這種強調「意向性」爲中心是佛教業力理論的基礎，然而在歷史上，一般來說，並非如此。

善德的三支柱

佛陀對品格的高度注重，可以從傳統佛教對善德的虔誠上見到。「善德」被解釋爲站立所需的支撐物或支柱。道德與戒律（shila）構成第一支柱，健全行爲的展現——能安忍、理解與發揮道德的約束。第二支柱是禪定（bhavana），或學習心的專注，發展正念。第三支柱是布施（dana）。此處整體的想法是根據方法經濟學（economy of means）：與其思考所有的善德特質、列出很長的清單，還不如簡化事情，專注於發展這三項支撐的善德特質，那麼，一切自然就會從此處蓬勃發展起來。

業與善德及戒律的關係是顯而易見的。要將佛教適切地融入我們的生活，我們必須結合戒、定、慧。單獨聚焦於戒或定或慧上，是不完全的。它們所呈現的順序並非偶然。佛教最高的訓練是智慧，其次是禪定，然後是戒律。一切都是重要的。雖然如此，戒律的修持是佛教業力觀點的核心，安忍在戒律修持上佔有首要的地位。嚴謹的大乘佛教上師寂天菩薩（Shantideva）在《入菩薩行論》（Bodhicharyavatara）中說，安忍是最值得培養的一種善德，更甚於慈悲！他說，如果我們能安忍，慈心與悲心會依次生起。就這點而言，安忍不表示我們對事情要慢慢來，而是當事情出錯時我們不感到挫敗。事實上，安忍與精進使彼此更為強大；它們是搭配在一起的，前後串聯運作而不是同時運作。以放鬆、無憂無慮的心態修持精進，那是不可行的——是不可能的，這就好比嘗試在同一時間站立與坐下。更確切地說，安忍意指我們盡最大的努力，但這並不是總會成功，若我們拒絕被這挫折擊敗，就會做到安忍。我們不會回歸到一種：「我又失敗了」的內心獨白，而是想著：「我該怎麼做才能改變它呢？」換句話說，我們不會再去試同樣的事。相反地，我們會想：「這次沒有成功，一定有某種原因使它不成功，我應該深入了解，要怎麼做才能有所改變。」我們便能依靠聰明才智再試一次。按照寂天菩薩的說法，不感到失敗就是安忍。這也是我們學習如何創造善業，並且充實地過生活的方式。

佛教將布施作為善德的第三個獨特支柱，這也是十分引人注意的。事實上它有時比禪修更受到重視！無疑地，想要給予他人快樂，這與行為的無私本性有關。儘管如此，從布施與業之間的關係來說，佛陀制定了一些與眾不同的條件。單純只是布施本身，不會自動成爲善良的行爲；布施的對象以及布施背後的意向都會產生作用。比如說我們布施給誰，這是有關係且有重大意義的。譬如，佛陀說，布施惡人不如布施善人。此處我們可以看見佛陀對所謂的「傳播福德」的想法。如果我們布施給一個善人，他會持續傳播這種感覺，如此福德將能得到分享；反之，同樣的布施行爲，若是給一個邪惡的人，將導致這人誤用或濫用我們的布施，或者福德的傳播就突然停止在他身上，沒有其他人能感受到絲毫的利益。

直白地說：好人贈送禮物給另一位好人，跟壞人贈送禮物給好人是不一樣的，而這與壞人贈送禮物給另一位壞人又是不相同的。一位有品德、高貴的人贈送禮物給一位值得尊敬，同樣有好品性的人，保證有極大的福德。若一個性格懦弱或卑鄙的壞人贈送禮物給一個非常善良的人，縱使贈與者並不是特別好，那也會產生福德，仍然會產生好的結果。正如我們猜測的，若一個品性不良的人贈送禮物給另一個壞人，即使是表達了一種慷慨的行爲，但所產生的結果不會有什麼利益。譬如，我們可以想像一個兇手給他的朋友一把手槍；這只是那人的性格想要與他人分享自己的壞習慣，而且鼓勵朋友加入惡行，負面性就如此散播了。即使是布施的舉動，我們都必須考慮環境因素的作用。

布施行爲背後的「意向」也是非常重要的。若我們的布施是希望獲得回報或是得到好處，我們的良好意向與行爲的利益就減損了。如我們已經見到的，這種意向的原則轉變爲所有形式的行爲，但是佛陀強調布施的重要性，並且要正確實踐。他甚至提到贈送物品的尺寸與數量——這些事情對他來說都不重要，有可能那是一件非常引人注目的禮物，卻產生很小的福德或利益，或者可能是件微小的禮物，卻產生很大的結果，以及非常有利益的果報。重要的是實踐布施的態度，而非布施的多或寡。

最重要的是要認識到，佛教的業的觀念並不是說我們一舉就能擺脫惡業，更重要的是讓它們逐漸減弱。如果我們堅持對要做的事不太過急躁，著眼於從長遠來看什麼會使我們受益，則必能看到利益，無論開始時是多麼微小。微小的利益不應該被低估，因為更大的效益會跟隨它們而來。即使要處理一個人過去業的痕跡與性情，這個嘗試本身就產生新的正向的業力習性——一個人逐漸地在內心建立不一樣的習性。我們的確需要保持長遠的觀點，如同佛教所認為的，在我們達到證悟之前，總是有些需要克服的事情。例如，佛陀討論四類不同的靈性追求者：「入流」（預流）（the stream enterer，斯陀含）、「一還」（一來）（once-returner，斯陀含）、「不還」（non-returner，阿那含）與「阿羅漢」（arhant）。「入流」是進入道上，趣入聖道之流的人；「一還」是指修行者經過一段時間已完全淨除惡業，只需要再生一次；「不還」表示從此不用再生；然後是「阿羅漢」，字義上譯為「破賊者」。此處「賊」即是五毒：貪、瞋、癡、慢、疑——所以，「破賊者」是已征服五毒的聖者。一個人可以持續進展超越這些次第，繼續努力，直到獲得究竟的自由。這些是複雜的觀念，我們不應該對「不還」太過從字面去解釋——只要說淨除或超越業是佛教的究竟目標，就足夠了。

業力理論是積極的

在根本的層面上，對業、對因果的正確態度不要太過於機械式地思考。我們不應該認爲做某件事時，會立即且自動地感受到結果，相反地，我們需要審視生命的不同面向，我們可以稱之爲業有（karmic existence）的「編織品」。行爲的經紗和緯紗縱橫交織在一起，它並非孤立發展，而是在動態的環境中，也不是一種宿命論或決定論，或一種接受個人命運的意識形態的媒介。業力理論實際上是給予相反的訊息，鼓勵我們更加堅定地去改善自己，向前邁進。就整個概念而言，動機極爲關鍵。從這個意義上來說，業力理論與具有這種性質的抱負、願望與渴望完全一致。否則，即使想讓自己從業力中解脫的渴望也不會存在。我們不能有讓事情順其自然的想法，爲了不造新業而不去做任何事，冀望舊習性總有一天能自己解決，最終我們必然能從業中解脫。它不是這樣呈現的！它也不是一種支配原則，神祕地來到這裡，斷言要掌控我們的生命。業是當我們繼續生活時，由我們的行爲，即我們個別的行爲，還有與他人的互動所創造推動的。沒有一個單一的叫做「業」的支配原則，而是有許多不同的業，以及許多不同的業力模式、業力習性、業的因與緣，就是這些相互條件對彼此的影響，產生了我們的生命經驗。

在某些方面，我們似乎在某種程度上揭開了業的神秘面紗，但是業也並不是完全不神祕的，因爲必須要理解其相互關聯性的複雜程度。對這一點，有一則諺語說：每一根孔雀羽毛的顏色與圖案背後都是業。這不意味著孔雀的羽毛繼承了某些業的印痕，而是指這些顏色、組織與組合，其細節是如此豐富，其呈現是如此複雜，以至於非常難以理解它們是如何形成的。同樣的，不同的業彼此之間的相互關連也是非常的錯綜複雜，如此的複雜，以至於要真正完全理解，實際上已超越大部分人的能力。我們至少應該努力去了解其基本原則，以及如何運作的機制。這一點我們當然可以做到，但是要確切而且完全了解業的運作，就必須如同佛陀一般。與此同時，我們可以努力從了解較簡單的事情是如何產生開始——比如說，一匹錦緞的顏色、結構與孔雀羽毛的形狀，這種自然界驚人的作品相比，這是相對容易理解的。後者的複雜程度是令人難以理解它的原因，而在這特別的意義上，業的作用可以說無比微妙。

三　瑜伽行派對業力理論的貢獻

我們已經概略敘述佛陀在原始教法中，對業這個論題所做的一些根本要點。還有它是以一種開放式、非最終的理論被提出，這個特徵正是它持續發展的原因。它還不是最終完盡的，這在大乘佛教是明顯可見。大乘佛教中，業力理論圍繞著佛陀原始教法的核心持續發展。在大乘佛教中有兩個主要學派——中觀（Madhyamaka, 或 Middle Way）學派，以及瑜伽行派（Yogacara）。瑜伽行派有時也被稱爲唯心（唯識）（Cittamatra 或 Mind Only）學派。中觀學派重點在空性的概念，我們曾進一步討論；但是現在我們要先轉向瑜伽行派，因爲在業力理論上瑜伽行派有更明確的影響，使業的闡述更深奧微妙且更有系統。「瑜珈伽那」（Yogacara）的意思是「瑜伽行者」，「瑜伽」在此指的是禪修而非身體姿勢的「哈達瑜珈」（hatha yoga）。因此，瑜伽行者強調禪修經驗的重要性。

瑜伽行派「唯心」理論的意義，不是將一切都視爲心。它指出一切都是基於個人自己的經驗，以及個人對於實相不可能有一個心以外的概念這樣的事實。換言之，當我們談到「實相」，無法將心從其中剔除。沒有心，我們就沒有辨法察覺實相。因此，每一件我們能夠經驗到的事物，甚至「實相本身」，唯有以心去體驗。我們無法跳出我們的心而著手去看實相，雖然有些人這麼認爲，但「唯心」不表示我們把一個物體，例如一塊巨石，看作是我們的心。若那顆巨石落在我們的頭上，我們一定會死亡，我們不可能喊出：「那只是心而已。」沒有一位有尊嚴的哲學家會提出如此荒謬的理論，那不是「唯心」理論的意義。

瑜伽行派的貢獻──阿賴耶識

瑜伽行派哲學的趨動力是，它認識到佛教理論在意識與自身同一性（self-identity）上的弱點，他們承受來自各類印度教派與批評者的壓力，例如毗濕奴（Vaishnava）、瑜珈派（Yoga）、數論派（Sankhya）、彌曼差派（Mimamsa）與吠檀多派（Vedanta），而提出某種「相續」（continuity）的解釋。有人爭論說，若是沒有「自身」，如何能再生？佛教的批評者也不滿足於把再生看作是意識流簡單相續的觀念，因為那只是一系列識的狀態在一段時間內持續存在，而無法解釋記憶的連續性，或者記憶是甚麼，從何處來。同樣地，在今生無意識空白的間隙──若我們陷入昏迷狀態或類似的情形一段時間，後來恢復意識──若這些心的意識狀態在那段期間內未曾運作，那麼在恢復意識且甦醒之後，我們如何記得「這就是我」，而且開始憶起我們過去的經驗？如果意識不斷地在變動，我們又如何解釋這段空白？

爲了解決這個問題，瑜伽行派提出一種意識的狀態，或潛意識，這取決於你怎麼看待，它被稱做「阿賴耶識」（alayavijnana），通常被譯作「藏識」（貯藏識）（storehouse consciousness）。這意味著，應用在上面所描述的死亡與昏迷的狀態時，我們可能暫時失去意識一段時間，或是死亡並且再生；但在意識的潛意識層面上，潛伏存在著的是我們所有業的痕跡與性情的貯藏庫。因此，阿賴耶識被稱爲「藏識」（有時被譯作「根本識」——「覺知的實體基礎」substratum of awareness），它的狀態比我們的意識狀態更爲持久。

然而，瑜伽行者謹慎地指出，阿賴耶識的本性不是恆常不變的，因此不是一種靈魂物質，因爲按照定義，靈魂是不變的。「根本識」實際上的確會改變而且可以被轉化。事實上，即使我們不做禪修或任何那類事情時，它也會經歷不同階段的轉化，在任何情況下始終朝著某個方向轉化。由於它相對穩定的本性——也就是說，與我們的意識狀態比較，它可以作爲我們業的印痕與性情的貯藏庫。以佛教的觀點，我們的念頭、感受、情緒以及所有其他一切，在我們的意識中持續地變動著，始終來來去去。按照佛教的說法，意識中一點也沒有穩定的事物，因此沒有任何事物可以用來解釋「自身同一性」（self identity），除了訴諸於靈魂或超我（superego），或某些總體自我同一性（overarching ego identity）的理論。因此正是通過「藏識」，瑜伽行派解釋了我們對事物的記憶，甚至橫越我們可能經歷的一段無意識狀態時間。根據同樣的前提，「藏識」能夠從這一生轉移到下一生。在瑜伽行派的模式中，「自我同一性」（ego identity）不是基於阿賴耶識，而是基於另一個識，稱之爲「我執心」（ego mind）。「我執心」誤認「藏識」是它自身的基礎，是它自己的自我本體的基礎，它認爲有一個「自身」（self），有一個「自我」（ego），有一個受詞的「我」（me），是某種恆常且不變的事物。

印痕、熏習、習性

阿賴耶識經由所謂的六識，包括五感官識以及意識，與我們的經驗連結。在這一點上，理解佛教對感官根與感官識的區分很重要。當一個人看事物時，據說是透過眼的感官識，聽聲音時是經由耳的感官識，以此類推到其他感官等等。因此，有五識，此外有第六感官識——意識，那是思考的心，意識狀態用來計劃與思考，它讓我們可以立即察覺到任何事物。所有進入到五種感官的訊息是由第六識來處理，而第六識則反過來被第七識——我執心，所處理或占有。就是以這種方式，訊息通過第六識以及我執心，而在第八識——阿賴耶識或「藏識」，留下了某些印痕。

「藏識」不是一個永恆的實體，不過它的確會存續一段時間，正因爲如此，它能保留業的印痕。延續下去的這些印痕或心理能量的沉積，被稱作「熏習」（vasanas）。在傳統文獻中，「熏習」是用這樣的譬喻來描述的，像是把某些非常臭的東西，例如未洗的髒襪子放入抽屜內。假如超過數月之久，當你打開抽屜時，肯定是臭氣熏天。即使把襪子丟棄，盡力清除味道，似乎也只有很小的效果——下一次再打開抽屜時，味道仍然存在。同樣地，業的印痕據說是存在於阿賴耶識——第八識中，它保留著印痕或所謂「熏習」的氣味。「熏習」是我們無法察覺到的潛伏心理活動。那是我們精神活動的潛伏暗流，無意識的念頭、無意識的感覺、無意識的情緒等等。在死亡的時刻，從一種存在的形式轉變到另一種形式，某些事物仍然經由第八識的功能而轉移，它們即是所謂的貯藏資料。但我們不應該設想一個實際的貯藏空間，而是將貯藏空間本身看作是它所貯藏的事物的一部分。

按照瑜伽行派的觀點，這是業的印痕如何保存在「藏識」內，並保持蟄伏的方式。我們沒有意識到它們的存在，而由於如此形成了習性，如我們所知，習性是相當不自覺的。我們甚至不知道我們爲什麼做這個或那個，或者思考這個或那個，或是在某個特定的時間以某個特定的方式感受；我們對這些習性感到困惑的理由是，它們背後的推動力來自於佛教中等同於無意識的狀況，我們可以這樣說。因此，我們無法察覺其來源。其次，進一步的區分印痕與性情的現起或現行，以及（蟄伏的）印痕與性情本身。當印痕與性情變成現行時，它們變成可察覺的，突然進入有意識的狀態，然而大部分時間都是保持無意識無法被覺察，所以它不僅是運送我們業痕與性情的意識相續，也是阿賴耶識，就是後者（阿賴耶識）將業的印痕與性情轉移到來生。

轉識成智

瑜伽行派做了進一步的詳細闡述，這些對業的理論有相當的影響。其中非常重要的一項是「佛性」的概念，此處我們確實無法適當地討論它。另一項則是他們對不同的識的表述，以及迷惑識如何轉變成相對應的智慧識。這是密續，正如我們今日所知道的那樣。五感官識、第六意識、我執心與阿賴耶識（藏識），全部可以在各自的層面上分別地加以處理而轉化成智慧識。就這一點而言，瑜伽行派介紹一種在迷惑心與智慧心之間連續的觀念，他們認爲從迷惑者到證悟者的轉化，可以更清楚且更容易理解（這與我們的「佛性」概念有很大的關係）。識的八個層次的論證也有助於再生理論的認同，瑜伽行派的這些貢獻，的確有助於形成一個更微妙複雜的業力理論。他們讓這一點更加明顯：經由不同層次的識之間的互動，業恆久不滅。阿賴耶識影響我執心，我執心影響了感官識；接著以相反順序，感官識影響我執心，我執心影響了阿賴耶識等等，反覆往返。

四 中陰教法——死亡、中間狀態與再生

藏傳佛教中，與業及再生有強烈關係的另一類教法是中陰教法（bardo），它主要是依據瑜伽行派以及中觀學派的思想方式。這些教法在著名的《西藏度亡經》——或稱《中陰聞教得度》（Tibetan Book of the Dead）中很容易能找到，這是它在西方為人所知的名稱。中陰教法強調「淨光心」（clear light mind）的經驗以及死亡時持續保持覺知的必要性。這些是關於如何死亡，以及如何為死亡做準備的教法，目的是為了要理解在死亡過程心的真實本性——淨光——的展現。除了教導我們關於身體死亡本身，這些教法也教導我們在中陰，或

者死亡與再生之間，這段中間旅程要如何保持覺知。「中陰」（bardo），基本的意義是「間隔」（gap）或「中間階段」（intermediate stage），它有不同的類型，然而通常談到的有四種。我們目前的生命周期，從出生直到死亡的這段時間，事實上被看作是一種中陰或中間階段，這被稱做「生處中陰」（bardo of life）。佛教始終有一種觀念，即此生的每一時刻，隨著我們的老邁都存在著生與死，但是我們要將這些暫放一邊，從其後的中陰開始。

臨終中陰與死亡中陰

從這時起的第一種中陰稱爲「臨終中陰」（bardo of dying）。藏傳佛教對臨終的描述與元素消融時特定的死亡經驗有關。身體五種元素（我們先前曾經提到過）的消融是依據印度密續的教法。元素本身不能照字義來解釋，譬如五大元素的粗重形式，地大元素，肉身；水大元素，痰、唾液等；火大元素，身體體溫；空大元素，身體內的空腔；而風大元素，即呼吸。據說瀕臨死亡時，身體的元素開始消融，這表示肉身有機體開始崩壞——火大元素消融，我們身體的體溫流失；水大元素消融，我們開始感到乾涸；風大元素消融，使得呼吸吃力喘急；地大元素消融時，身體變得僵硬，以及體內空腔場陷等等。在這些事情發生的同時，我們經驗到幻象，會有類似幻覺的感受，看到自己被捲入某種煙霧中，或處於螢火蟲或火花閃光的現象之中。這是當一種元素消融入另一種元素時發生的，稱為「死亡中陰」（chikhai bardo,bardo at the time of death），或是死亡時刻的中陰。（譯註：一般合稱為臨終與死亡中陰）一旦我們的身體開始退化或惡化，並且基本上停止運作時，我們的意識就開始收攝，我們變得愈來愈模糊、不清楚，直到最終失去意識。我們昏厥過去了，但這僅只是短暫的片刻。這就是死亡發生的時刻。在短暫時間之後，我們又恢復意識，在某種意義上，復甦了，並且認識到我們已經死亡。然而，在這之前，在眞正死亡時昏厥發生的那一刻，因爲這時心或識已經與身體分離，是有可能了悟心與識的本性。這時，我們有機會能夠有意識地感知各種不同的光的展現，尤其是「哦瑟」（ösel）也就是「淨光」（clear light）或「明光」（luminosity），《西藏度亡經》稱此爲「識之光」（light of consciousness）。

法性中陰

根據西藏佛教，假如我們認眞致力於禪修，開展出一種正知與正念的感覺，並且發展專注力；在死亡的時候，就相對容易能夠認知這光明。然而，大多數的人由於他們的迷惑、無知與遮障，非但不能抓住淨光，不能轉向它，反而試圖逃離它。在這一刻，我們進入所謂的眞正的中陰本身，死亡與再生之間的中間階段。一旦我們進入中陰本身，各種幻象隨之出現。起初是非常溫和、相貌慈悲的眾生，放射出各種光。接著，隨後幾天，兇殘且相貌恐怖的眾生的幻象出現。當忿怒相的眾生現出愈來愈險惡、恐怖的形象時，我們或許會聽到不同尋常、令人驚懼的聲音，像是打雷的聲響等等。我們見到不同顏色的光的展現——藍、黃、紅、綠等等——彩色光束照射到不同的方向。即使如此，在這中陰狀態，如果我們能夠認知這些眾生只不過是自心的投射，是從我們自己的嫉妒、瞋恨等的情緒衝突所生起的，並且能夠避免賦予它們眞實性，那麼就有可能在此刻達成證悟。

在此時刻，對於我們中陰眾生而言，一般的教示是盡力將這些實體與景象看作僅只是我們自心的顯現，並且將彩色光當作指南或地圖。基本上顯現的光有兩類，不是相當明亮，就是相當暗淡。由於我們的習慣，我們會跟隨暗淡的光，因爲我們發現它們比較舒服，我們很容易被強烈的亮光照得眼花撩亂而退縮；但是我們應該要做相反的事，應該跟隨明亮的光，避開暗淡的光，因爲後者代表的是五毒的能量，而明亮的光則是我們智慧的能量，五智的力量。我們應該追隨五種明亮的光，盡力避開暗淡的光，始終要保持平靜，知道這是心的展現。如果能做到這一點，我們有機會於此階段再次獲得解脫，這是「法性中陰」（chonyi bardo,the bardo of dharmata，或「實相中陰」，the bardo of reality）

本尊瑜伽修持與中陰

在西藏佛教，中陰教法與本尊瑜伽修持——觀想寂靜與忿怒本尊、以及那類的密續修持——有非常密切的關連性。愈熟稔這些修持，我們就愈有可能記得這種經驗，當我們死亡而經歷中陰狀態時，把它們看作是自己想像的產物而不是完全眞實的。正如所說的，它們是業力的景象，也被稱爲不淨的景象。我們的工作就是要轉化這種經驗成爲清淨的景象。在密續修持中，觀想生起本尊的形象叫做「生起次第」（generation stage）。「生起次第」指的是刻意生起形象，而不是只闔上雙眼等待聖者或天神的形象出現，我們是一個階段、一個階段地生起形象。譬如在密續佛教中，我們可能觀想一個種子字，一個字母，它代表一位特殊本尊，然後觀想從這個種子字生起蓮花、蓮花座、日與月輪，如同經常提及的；接著我們逐漸觀想完整的本尊，不論我們選擇的是哪一本尊。在修法結束時，我們將本尊消融。我們不會突然結束修法，而是將本尊的形象消融入空性，這是一種觀想的與哲學性的結束。

如果我們熟悉這種修持，就能夠把死後狀態的景象視爲類似我們曾經修持過的本尊形象。此處我們必須將佛教的整體理論牢記於心，了解在我們現在的生活中，也就是說我們的具體狀態，心不斷地投射出各種各樣的景象。同樣地，本尊代表我們自己的各種面向，這種修行的另一個重要部份——逐漸熟悉心的這種能力。就某種意義而言，不論我們觀想的是忿怒本尊或寂靜本尊並不重要，因爲它們代表我們的各種面向。因此，這種法門有助於認識心的想像能力。知道這一點，在整個經驗過程中我們能保持得更爲平靜。在我們死亡時，有機會在不同的時刻了悟心的本性；但是這裡所描述的是從短暫昏厥後甦醒過來的時候！如果不能做到，在這中間階段我們還可以再一次地從所描述的景象中覺醒。

投生中陰

從這時起，倘若我們尚未認出淨光心，如教法所說的，我們就會受業力的驅策而再生。即使到這裡，若有覺知且能夠認出現實發生的事件，我們就有某種選擇。在這階段，如果我們對所發生的事件保持覺知，就能夠選擇自己的父母、再生的處所、再生的環境等等。教法宣稱此時我們有能力決定我們未來的再生，而這取決於我們在中陰時自己的行爲。很自然的，在中陰的第一階段，據說大部分的思惟都與我們的過去有關；然而在第二階段，則與我們未來的再生有更大的關係。因此，一旦恢復完全的意識，我們開始發展出所謂的「中陰身」（bardo body），這與一般所想像的有些不同。通常的假設是我們死亡後的生命成爲一種脫離肉體、無形體的識，能夠飛速移動，或消極地說，受業風四處拋擲而無法自主。然而根據教法，中陰眾生事實上承接一個新的身體——微細身（subtle body）或中陰身。我們或許察覺不到中陰眾生的微細身，不過那仍然是一種身體。換句話說，中陰眾生是一個有形體化的有情——當然不像我們現在的堅實身體——但也不是不具形體的。這種身體能嗅、能聽等等！中陰眾生不只是以心眼來看，看著悲傷親友的場景等等，我們確實看到這樣的事情，並且在經歷許多事情之後，我們才體會到我們實際上已經離開人世，到達死亡的彼端。事實上，我們仍然可以嗅與聽。味覺並未被提到，但據說我們不需要固體的食物，這毫不意外。中陰身以氣味爲食，或許這類似於水中生物有著透明、十分微細的身體，在深海中游動發出光來。這個微細身歷經上述各種幽靈幻象般的經驗後，於投胎進入子宮之前被脫下拋棄。

根據教法，在投生之前，在出生前的狀態中，我們開始有徵兆，像是某種來生的景象，我們開始尋找合適的父母。然而，受制於自己的無明，我們也許選了個錯誤的子宮。中陰眾生的第一優先是選擇正確的子宮，因此，此刻的責任是要眞實地抵抗過早投胎的誘惑，那是很困難的；因爲對大部分的眾生而言，中陰是一種非常不愉快的經驗。一般說來，我們都拼命地想要再生。在這階段存在著一種恐慌的感覺，類似於成百上千的精子爲了要到達卵子而互相爭鬥，而只有幸運的一些能夠到達，每一個都想攀爬到其它每一個的上面。在整個的經驗過程中，我們應該克制自己，耐心仔細地思考，找一個合適的出生。據說中陰眾生可以見到他們可能的未來父母，並且看到他們彼此的互動等等，看出他們是哪一類的人。有一種探究感：他們有甚麼樣的性格？我在這個家庭會快樂嗎？我將有甚麼樣的兄弟姊妹？他們的靈性如何？他們是好人嗎？他們心地善良嗎？在這些思慮中的某個累積點上，一個人再生了。

在西藏的體系中，以這種深思熟慮、決定性的方式再生的人被稱爲「祖古」（tulku），一個作出選擇與周密思考再回到這世界，且沒有受到情勢逼迫的人。「祖古」有許多不同的種類，而這稱號也不必然表示那是一位證悟者，而是一個在某些方面有些進化的人，具有敏銳性，能細心選擇他或她的再生。他們被認爲具有相當的心靈稟賦，以及不同程度想要利益他人的與生俱來的傾向。更普遍地說，西藏對於出生的過程有相當詳細的文獻，其中包含了胚胎成長等等的詳盡描述。

死亡時刻解脫的可能性

整個中陰的教法其用意是要教導修行者兩件根本事情：死亡不是一件令人害怕的事，以及死後的經驗可以用來利益我們自己。不僅不需要害怕死亡，而且更要理解死亡提供我們一個轉化的機會，它象徵著一種自由，能讓我們擺脫所有生前牽絆我們的拘束：家庭的責任、社會的連結、身體的障礙、情緒的問題諸如此類等等。那些曾經陷入致命危險的人都知道這一點，時間與現實似乎被一種無法解釋的方式壓縮，這些人提到說，這種經驗有極大的改造能力。許多倖存者詳述著他們重獲新生，所有的「東西」馱負了一輩子，無法卸下的一種重擔，剎那間從背上甩脫了。同樣的，在死亡時一切都被壓縮，心變得不可思議的集中、晶瑩剔透且銳利，超越散亂與昏沉；意識變得特別地精細敏銳、寂靜且深入地存在。沒有任何的擾動，因此產生巨大的精神與心靈的能量，提供一個覺醒和穿越業力的大好機會！即使在生前，他們並非虔誠的修行者。在有能力的指導者帶領下，這種有意識的中陰旅程是更有可能的。

當我們死亡時，許多東西都被留下拋棄了，這讓我們有更大的自由可以眞正去做事。正如生活中所說的：「隨著一個章節的闔上，另一個章節就揭開了」，死亡的狀態是一種中間的過渡狀態。陷入這種中間的過渡狀態，可能是一件可怕的事情，如同中陰本身可能是恐怖的；但是從另一方面來說，處於中間狀態也可以是正面的。當我們告別過去，擺脫我們經歷過的所有障礙，它可以被想像是向前的下一步。從這意義上說，這是一個創造的階段。對個人或是中陰眾生的啓示是：「勿須恐懼！你所看到、聽到、嗅到的一切，沒有什麼需要害怕，保持鎮靜、保持堅強。」中陰的理論與中陰的教法強調死亡是一段機會的期間，而不是某些需要恐懼害怕的事情。

幾乎所有一切都包含在中陰教法的主題之中——識的八種類型、意識的轉化、佛性的概念、心的光明本性等等。在處理幻象的方式，中陰教法也介紹了二諦。這些幻象顯現給我們的方式，實際上應該像是某種「全息（像）圖」（holograph），而非是有血肉的堅實眾生，不是眞實鮮活會呼吸的人。我們看到的幻象，是世俗諦的顯現，然後將這個景象看作是從自己的佛性或淨光心中浮現，我們就見到幾分的勝義諦。領悟到我們以心靈之眼所見到的，缺乏任何實質的本體，就是見到了空性。因此，有意識地在中陰旅行中，設法結合二諦，這些我們將在下一章討論。

五
沒有業——空性與二諦

業是佛教的核心，到目前爲止對此法教的論述一直有爭論；然而，就另一層面而言，在究竟實相（勝義諦）中業是不被承認的。此時佛教的二諦就變得有重大的意義：經驗的與究竟的實相（empirical and ultimate reality）。本質上，業只具有相對的實相（世俗諦），正因爲如此，它是我們可以超越的。事實上，業是我們必須要克服的，這意味著不僅要克服惡業，而且還包括善業。這兩種業都會導致再生，而清空業的習性與傾向則是我們的究竟目的。

業是一種現象，不是實相

大乘佛教的中觀學派，我們曾扼要說明過，它與瑜伽行派並列，在業的概念上也有重要的哲學影響。在第二世紀末由龍樹菩薩創立的中觀思想，詳細闡述二諦的觀念——世俗諦與勝義諦。業，只有在涉及世俗諦時才被視爲是眞實的，但不是在勝義諦上，因爲勝義諦是空性。業的本身沒有不變的本性，它是一種現象，不是實相。我們必須再次把這個陳述當作一種究竟觀點的說法，業確實有相對的實相。龍樹菩薩的根本觀點是，業實際上是由於心的執著而產生的，由於過度沉迷於我們的概念、想法與念頭、心的投射以及我們根深蒂固的傾向，而具體化了所有我們想到的事情。我們思想的對象，不論它們存在與否，都被賦予了堅實的實體，這被稱做「精神歸因」（mental imputation）；由此我們爲事物提供了許多特質，比它們眞實擁有的還多。歸因或者說投射，對於我們心理的健全、如何培養（或未能培養）我們的感覺、如何處理我們的情緒、還有我們的思想，有巨大的影響。

冥想空性，可以讓我們鬆開執著心的掌握。即使以業的角度而言，龍樹菩薩說，若我們像一般人的傾向一樣執著它，如果我們執著於行爲者、行爲等等，我們就無法從其中解脫。結果變成非常對立，因爲順著固定的方式思考，導致概念增生，「戲論」（prapanca），基本上，心開始趨於紊亂。我們不僅對我們所見、所聞、所嚐與所觸的事物給予更多的眞實性，甚至開始想像各種不存在的事物爲存在。如龍樹菩薩所說，神、靈魂以及這類性質的事物都是這種例子。只因爲我們能夠想到某件事，就會激起我們的傾向，認爲必定有一個對應於那個想法的眞實事物。顯然，若我們能夠想到這樣或那樣的一件事物，則那件事物勢必就會存在！這假設，對我們來說似乎是完全合乎邏輯的——否則能想到那樣事物的能力從何處來？過去西方的哲學家與宗教研究家，曾利用這樣的論點來證明一個全知全能的神的存在，他們堅持我們具有智能的天賦，具有想像一位全知的神的能力，這就證明了這樣的一位神必定存在。

龍樹菩薩運用一種後來被稱爲「應成派隨應破」（Prasangika razor）的方法，那基本上涉及破斥每一哲學的論點，將我們所有的想法從根部斬斷，將所有認爲有現實或眞實存在的主張，毫不留情的加以檢驗。他的弟子把他的理論更進一步演繹，例如月稱（Chandrakirti）與中觀應成派（Prasangika Madhyamikas），他們運用歸謬法（reductio ad absurdum system）歸納或破斥每一種哲學主張，直至該主張的根本前後矛盾，而自己則不採取任何立場。此處的要點是，龍樹極力主張：諸法是相依而生，無一事物具有固有的存在（自性存在），因此諸法皆爲空性。這並非是一種完全空的景象，那是虛無論觀點的結論。實際上，龍樹認爲虛無論的理解是完全錯誤的，是一種致命的思想，自取滅亡——就如同不正確地抓著蛇的尾巴，結果蛇反轉過來咬我們的手臂，毒害我們一般。如果認爲龍樹否定業的存在，那是完全不正確的。事實上，他說，回歸到傳統的思想方式，相信事物眞實存在，如同具有常識的人們那樣的認爲，這是比懷著虛無主義想法，認爲沒有任何事物眞實存在，遠要好很多。這是理解佛教的一個關鍵點。由於一切法是相依緣起的，業也是一種相依緣起的現象，缺乏自性的存在，因此能夠被消除。龍樹的邏輯也說明爲什麼輪迴與涅槃是相互依存的概念，沒有輪迴就不可能有涅槃，而沒有涅槃就不可能有輪迴。這在他的主要論著《中觀根本頌》（Fundamental Verses on the Middle Way,Mulamadhyamakakarika）中詳細闡述。

關於龍樹的方法在業力理論上的應用，有兩個主要的論點必須提到。一方面他鼓勵我們捨棄對不同事物，基本上是內心事物的執著，而另一方面告誡我們不要以虛無論的思想來取代這種傾向，他認爲那是一種嚴重而易犯的錯誤。此外應該提到的是，一些龍樹的後繼者最終批判瑜伽行派執著於自己的綱領思想，如八識。

談到龍樹菩薩時，我們談論的是哲學，這把我們帶到佛教中經常做的一個有趣的區別，就是關於理智（intellect）與智慧（insight,prajna，般若）。人們經常認為智慧是由於研讀哲學而產生。一個人若研讀龍樹的哲學，肯定是會獲益的，但是有一種方法比純粹理智的研讀更殊勝，就是冥想的方法，或禪修的方法。一個人依然應用思考，經歷同樣的論證過程等，但卻以一種較為緩慢的節奏，利用各種心智的能力以及身體的狀況和過程，以便專注在冥思的主題，即沉思的對境上。我們確實需要了解有不同的思惟方法存在著，即使當我們是以「想」這個字的日常用法說我們在「思考」，其實我們說的是以許多不同的方式在「思考」。以純粹理智的方式思考，我們可能獲得一些智慧，但並沒有涉及到思想與生命的其他所有面向。那是一件純粹理智的事情；它自行運作，幾乎是一種理智的訓練；但是那種訓練，從精神的角度來看，最終可能成為一種多少不確定的活動。

智慧摧毀業，智慧也依賴業

即使在尋求智慧時，我們仍然依靠我們業的貯藏與繼承，需要利用我們自己現有的資源來獲得智慧或般若。人們常說智慧摧毀業，摧毀所有業的印痕與性情，以般若之劍摧毀每一物！在某一種層面上，這是眞實的，但這是在究竟的層面上。在相對的層面上，般若也依賴先前存在的業的因與緣，所以某些人可能事先具有比其他人更顯著的智慧。如果不是這樣的話，所有的努力將一點也不重要——每個人將有相同的智慧以及同樣層次的智慧，而對每個人而言，每一件事物將是相同的。情形當然並非如此，理解總是取決於個人的開展境界。一個廣泛開展的人經歷了我們已經討論過的自我修養，獲致某種層次的先見，比沒有這種背景的人會具有更敏銳與廣泛的智慧。

慈心是開展智慧的關鍵

如果我們眞的是以一種純理智的方式在追求智慧，通常會變得內向，認爲那是一種非常孤獨的練習，因爲我們想像自己走向內心，深入我們的思惟之中。外面的世界與其他的人，還有其他的眾生會讓我們分心，注意到他們變成一件令人討厭的事。對我們而言，他們都代表同樣的事物，就是要從我們最珍愛的使命——深刻的反思——中剝奪掉時間。由於我們盼望解開這些人生棘手的問題或形而上學，需要「屬於自己的時間」，與世隔離。佛教認爲以這種方式獲得的智慧是較次等的。當我們變得更關懷、更有愛心並且竭力去幫助他人時，智慧會大幅增強。假如採取這種平衡的方法，我們就不會思想封閉。爲了這目的，佛陀自己教導「慈心禪修」（metta-bhavana）。佛說慈心是開展智慧或般若的關鍵。在佛教中，對於心的認知方面，以及它的情緒與感情的方面，並沒有嚴格的區分，我們的認知能力應該受我們情緒的所有組成部分、豐富的情緒資源的支持。換句話說，若我們的感情貧瘠、枯竭，甚至會危及到我們的認知能力，它的有效性減弱了。這是爲什麼說，「慈心禪修」可以幫助我們清晰地思考，更清楚地看事情。爲了要獲得正確的智慧，我們所做的每一件事都會產生善業。然而，必須注意幾個方向：需要確保我們的身體健康，處於積極的狀態，在感情的層次上，需要確保自己不會僵化與封閉。留意這類事情會產生善業，從而導致智慧的獲得。智慧從創造善業以及消除惡業之類的事情生起。

作業者與業相互依存

龍樹的追隨者被稱爲「空性學派」（Shunyavadins），或說「空性的擁護者」，此處 shunya 的意思是「空性」，而 vadin 是「擁護者」。事實上，追隨中觀思想的人被認爲是空性學派。空性學派時常使用龍樹的觀念作爲武器，來反對早期的佛教徒，他們提出沒有業。他們指出，在龍樹《中觀根本頌》的〈觀業品〉中，龍樹說沒有行爲者（作業者），沒有行爲（業），甚至說沒有涅槃。許多人，主要是空性學派，認爲業無須太認眞看待！畢竟，業並不是眞實存在。假如沒有行爲者也沒有行爲，那麼業如何能產生呢？這是眞的，龍樹的陳述幾乎是這樣，在某種意義上——業是虛幻的。然而，當他如此陳述時，並不是表示沒有任何業，或者根本沒有作業者，而是從究竟的觀點來探討事情，否定一個自存的作業者。然而，作業者仍然是有的，只是並非自存的作業者！這一點，我們在與佛陀有關的部分已經討論過。因此，此處在任何方面都沒有眞正的抵觸。龍樹並未說沒有作業者或沒有業，作者就是作業者，因爲他有能力去作業；沒有業，就不可能有作業者，此處有一種相等性。他對業的因與果也說了相同的事，我們認爲因比果更具眞實性，因爲沒有因就不會有果。在某種意義上，因似乎比果更爲眞實，果從因產生，但因不是從果生出；所以，因凌駕於果之上。龍樹以相互依存生起的概念來駁斥這種思想，每一件事物的生起是依存於其他的一切事物，因與果被視爲是彼此相互依存的，而作業者與業也是一樣被視爲是彼此相互依存的；沒有另一個，就不可能有這一個的存在，這是對業力空性的正確理解。

業無實體卻顯現

以任何其他的方式來理解，都將偏離佛陀的中道觀點。說業完全不存在，全然是虛幻的，這是一個極端；而認爲業眞實存在，且業的因與果有眞實的實體（true reality），這是另一個極端。對龍樹而言，業沒有眞實的實體，因爲沒有自性存在；然而，業確實會顯現，它是一種顯現的現象，在那種程度上業是眞實的，它存在。做這樣的區分似乎有些迂腐，但是這對空性學派的思想相當關鍵。若事物有自性存在，它就不可能被移除；而在佛教，我們的目的在消除業。據說業可以被消除，如果一件事可以被消除，就不可能有自性存在。

終究而言，空性學派所說的與佛陀所教導的，幾乎沒有不一樣。簡言之，在平常的層面上事物被看作是眞實的，但在究竟層面卻非如此。業沒有內在的實體，但在另一個層面它是眞實的，因爲我們經驗到它。舉例說，在醒著時我們有某種的眞實性——這是眞實的——但是當我們正在作夢時，在夢境持續的時段內，它也有自己的眞實性。當發生時，它是眞實的；在作夢的情況下，夢境中的夢是眞實的。同樣地，我們日常生活的經驗，包括我們的業的經驗，在某種程度上是眞實的！只要我們尚未證悟，它們持續保持是眞實的，而我們也將如此地經驗它們。然而究竟上它們不是眞實的，因此可以被消除。我們不是以如此的方式被束縛在業力的現實中，被注定受相同的死、再生、死、再生的永恆輪迴——一種生與死無止盡的循環，根據佛教，這是有終點的。

在掀開無明的面紗之前，我們將持續經驗到事物對我們的控制，但這不表示我們所有的經驗有某種內在的實體。佛教徒對業的眞實性這種問題的回應並不是黑與白。如同龍樹自己所說，一個人不能夠用一個方向或另一個方向單純地回答是與否；要回答這樣的一個問題，他會提出另一個問題：「在什麼情況下？」我們是從實相的觀點或是從顯相的觀點來談論？從實相的觀點，業與我們在存有層次上所經驗到的所有其他事情，皆沒有持久的本質，因此，並非眞實。若說他們完全沒有眞實性也不是正確的，我們所經驗的一切，都是因爲業與我們所做的一切緊密地相連。它就在我們生活的結構中，在我們喜歡與不喜歡的事物之中。從自己的主觀經驗與存在的主觀層次方面看，一切都是適當的。這些經驗在識中留下印痕，就像一條河，一種動態流動的事件。因此，雖然識沒有穩定性，只有連續的狀態，並且沒有甚麼是一成不變的，它仍然發生著。這裏仍然有雙向的交流：輸入的信息經過處裡後在潛意識中留下了印痕，而印痕則刺激個人以事先預定的方式回應，形成向外的反應。

在我們的一生中，我們自己創造的這些模式不可能就這樣被拋棄，這是為什麼佛教，尤其是大乘佛教，強調顯相與實相，或世俗諦與勝義諦的非二元性。我們需要兼顧兩者，需要在相對實相與究竟實相之間保持平衡，這是至關重要的。即使在大圓滿教法那種深奧的觀點中，從行為的角度而言，每一件事情都必須奠基於我們日常的生活經驗。不能漂浮在某種「事物聽其自然」的模糊空間，或是「所有事物的實相」之中。一開始，我們需要般若智慧，這是為了要突破，為了要超越我們業的束縛。然而，獲得的般若應該讓我們能夠在甚麼是相對實相與甚麼是究竟實相之間取得平衡。那是要點！如果我們落入任何一邊，我們將不能夠真正達成完全的開悟。若沒有那些與相對實相有關的情緒與感覺等，究竟實相的了悟將不會發生，這是非常清楚的。人們常說作為認真的佛教修行者，我們始終在顯相與實相的鋼索上平衡我們自己。的確，即使在獲得正覺時，它是發生在兩個不同的層次上——身體的層次和精神的層次。在身體的層次被稱做「色身」（rupakaya），rupa 的意思是「色相」（form），而 kaya 則是「身」（body），故稱爲「色身」。在精神的層次被稱爲「法身」（dharmakaya），在此指的是「究竟實相」。

佛身的色身面向對應於相對實相，而法身則對應於究竟實相。在相對的層次上，身體的色身面向與某些精神能力的修養、某些情緒的組成和感覺格調的種類，以及有關的事物。由於上述情緒的修養，佛陀已經證悟色身，這是爲什麼說佛陀留駐於此世界是出於悲心的原因。他們未被世界玷染，因爲他們也已經證得無色身，這即是法身或佛陀的眞正的狀態。因此，大乘佛教說，眞正的佛住在所謂的「無住涅槃」（nonabiding nirvana）。

若非業，解脫是無法獲得的

如果不是因爲業，解脫是無法獲得的。這是見地。經由我們自己的修養獲得與我們的精神能力、情感能力以及身體要素有關的佛的色身。經由智慧的修養，我們證得佛的無色身。這些是由兩種積聚而產生：福德的積聚與智慧的積聚。佛教並不是要放棄每一件事，如同我們經常聽到的。在放棄某些事物的同時，我們應該儲備其他的事物；所以，我們提到兩種積聚。透過福德的積聚，我們證得佛的色身；而透過智慧的積聚，我們獲得了佛的智慧身即法身。

解脫來自於拋棄兩種桎梏

在一個層面上，業力理論並不是只爲了鼓勵人們創造善業及避免惡業而設計。——換句話說，是要引導過一種道德的生活。解脫來自於拋棄兩種桎梏。傳統上，惡業被比喻爲被鎖在鐵製的桎梏中，而善業則是被鎖在金製的桎梏中。即使是黃金的桎梏，我們也是不自由的！能夠從所有的桎梏中解脫才是眞正的自由。這在佛陀的原始法教以及大乘佛教中都有提到。即使如此，我們需要與我們的業互動，這是無可避免的。我們努力培養善業以消除惡業，努力走向連善業也消除的究竟。佛陀闡明三種業：善業、惡業與無生業。無生業回溯到行為念頭的起源。壞人做壞事造了惡業，好人做好事造了善業，而那些真正追求在靈性道上前進的人，目標指向開悟——他們的行為並未產生業，那是我們能夠獲得涅槃的原因。

六 生命的意義與死亡的恐懼

生命的意義——被發現或被創造？

在談到業的時候，我們是在談論一種探討生命意義的哲學，或是生命中我們所作與所想的影響；而談到再生，我們探討的是死亡的意義。再次地，我們需要蒐集一些關於這些想法的背景資料，以期對這些緊迫的存在問題給予公正對待。當人們觀察生命是否有意義，通常會追究它可能具有甚麼樣的意義。如果我們順著如下的方向去追究——這意義是既有的，或是上帝的恩賜，或是在某種程度上被預定的——那麼，生命的意義就被看作是某種被發現的事物，而不是被創造的事物。有些人認爲生命的意義是一種被創造的事物，一種創造性的行爲；對這些人而言，生命的意義完全掌控在個人的手中。那是在個人層次上被創造的事物，生命具有我們賦予它的意義，此外無他。佛教徒的主張是：爲了使生命有意義，我們需要更警覺、更有知覺並更留心；如此，我們逐漸變得更能領悟生命的目的。

宗教源於對死亡的恐懼？

人們毫無疑問地總是在思索與死亡有關的生命意義。死亡與死後的經驗，通常是在一種與生命意義相同的背景下對待的。當然世界上所有的主要宗教都試圖解決死後是否有生命的這個問題；如果有的話，可以期待的是什麼樣的生命。一些世俗的西方學者甚至說，宗教源自於對死亡的恐懼。他們認爲人類對死亡的恐懼，我們對必死命運的意識，它迫人的必然性，引起極度的不安全感，這驅動了驚人的臆測，最終發展成宗教的思想意識。這不論是否眞實，重點是所有的宗教必須處理這特殊的議題，不能無視於它的重要性。宗教不應該如同它通常被認爲的，被當作滿足願望的一種方式。譬如那些指向天堂與地獄，或來生，或靈魂不滅的宗教，是以承諾生命永恆的形式，提供人們心靈的撫慰。有人說，這只是繞過死亡的一個方法，讓這個特殊的生命，在目前所有不利的處境下，能稍微承受得起。它們可以稱作「來世補償」。我們對滅絕的恐懼因此而減輕！對整個宗教的問題，沒有甚麼更甚於這類毫無確實根據的妄想。

從更廣闊的角度來看，即使承認它自己的前提，這種分析實際上並不正確。宗教對於死後生命的推測，實際上會加深我們對死亡以及來世的恐懼，而不是減輕。人們對於下地獄、在地獄被烘烤、永久的詛咒等等，有著極大的恐懼。實際上，著名的蘇格蘭哲學家大衛・休謨（David Hume）主張沒有宗教信仰的人，沒有死後生命信念的人，事實上對死亡沒有恐懼。他認爲我們所有圍繞著死亡的恐懼，源自於我們的教育以及宗教背景，那些我們的父母與牧師告訴我們的事情：

在一些人的心中確實會生起一種對於未來無法解釋的恐懼；如果他們沒有受到訓誡與教育等人為的培養，這些恐懼將會快速消失。而那些培養他們的人，他們的動機是甚麼呢？只是謀生以及在這個世界獲取權力與財富。

雖然明顯的，他是在批評教會與牧師壟斷重要禮儀的利益腐敗，不過他宣稱：若非宗教的緣故，人們將不再擔憂來世、地獄和詛咒等相關問題。若無宗教，人們將失去他們對死亡的恐懼。換句話說，它是一種經過學習而來的環境因素，對死亡的恐懼被認爲不是天生的。我們並非生來就如此，而是被我們的學校與宗教機構教育成我們的信念。這是有問題的，因爲排除地獄與詛咒的威脅，還是不可能完全消除對死亡的恐懼，滅絕的威脅依然存在。我們懼怕死亡，因爲我們害怕所有的計畫、事業會過早結束。順著這樣的思考，我們認爲自己隨時會死亡，沒有任何預警，拋下心愛的人與親友，以及我們所做的一切，到目前爲止的人生——我們的事業、工作與抱負——在死亡那一刻，將完全歸零。

人們對這類的思想有著極大的恐懼！建議停止思考地獄或是類似的事情將使我們自由，這是完全不切實際的。我們必須正視死亡的恐懼，正是因爲我們會死亡才產生這種恐懼，不能歸因爲某些關於死後經驗的宗教思想。此外人們不僅害怕死亡本身，也害怕臨終的過程。我們了解，要事先預知將有甚麼樣的死亡是毫無辦法的。那可能緩慢且痛苦，伴隨著各種疾病與折磨。這種難以預測的情況造成極度的恐慌，我們預期嚴重的身體與精神痛苦。我們可能必須忍受孤獨，缺乏家庭的支持，朋友遺棄我們，不再來探望等等。若我們逐漸地死亡，人們可能不再來訪，不再給予支持與鼓勵。除了要面對死亡的恐懼本身，害怕死亡的方式也有許多種。

有些人極度恐懼死亡，比我們大部分的人更明顯，那被稱爲「畏死症」（thanatophobia），意思是過度的恐懼死亡。它表現爲不斷地想到死亡，演變成類似神經衰弱症，一種極度強烈的偏執。心理治療醫師表示，在這種狀態的背後存有潛在的恐懼，並非僅是對死亡的恐懼而已。即使如此，一般說來對死亡的恐懼遍及所有人，這是我們都有的，也是需要用各種各樣的方式去面對的事情。即便是再多的否認或逃避，也不能讓它消失。所有偉大的宗教都設法處理人們對死亡的恐懼，正因爲這原因仍然存在，使它持續成爲解決死後生命問題背後的主要動力。

在西方，多少壓縮簡化了這個問題。在上個世紀，死亡已經變得日益制度化，遠離直接的經驗；具體來說，它不再是一個共通的經驗。過去人們往往是在家中過世，現在情況不同了，家族親友齊聚一堂的情景也不再自然發生。那不再是公共的事務，相反地，它隱藏在公眾視野之外，導致對死亡與臨終的實際接觸變得更少。有關死亡與臨終的文獻卻反常地大幅增加，人們對它的談論越來越多，然而處理它的實際事務卻越來越少。這種諷刺的狀況，一位基督教的神學家雷・安德森（Ray Anderson）在他的書《神學、死亡與臨終》（Theology, Death, and Dying）中描述到：

當代人對於死亡有一種基本的矛盾心理。死亡已經被推出視野以及日常生活的情境之外，死亡本身不再是一種家庭或社交生活上有意義的儀式。然而，出現了一種對死亡相當特殊的認識，把死亡當作一件有關存在的問題，脫離了死亡事件本身。奇怪的是，把死亡當作生活的一種狀態，研究其對心理的影響來認識死亡，這方面的成長已經與死亡本身的無聲無息成反比。死亡，曾經是個不言而喻的字，伴隨著與死者的交流和對死者的承諾，作為公共和社區生活的儀式，而幾乎沒有關於死亡與臨終的文獻。

在當代西方的社會現在正好相反，有一位作者聲稱他曾經審閱過八百本以上有關死亡與臨終的書，他的檔案內存有超過兩千份關於這個主題的文章。總之，就實際對待臨終者或是親眼看見死亡等方面而言，關於死亡與臨終談論非常的多，而直接經驗卻非常的少。在電視上，我們看到許多模擬死亡的事情等等，但是一般而言，與開發中國家或是從前的人們相比，我們幾乎沒有直接接觸死亡。

接受死亡，讓生命充滿價值與意義

所有這些理由——對死亡永遠存在的恐懼，以及缺乏與死亡的接觸——更重要的是能適當地接觸死亡的事實和面對死亡的恐懼，從佛教徒的觀點來看，能接受死亡是讓我們的生命充滿價值與意義的部分。死亡與生命不被視為完全分離且對立，而是導致彼此發生的。它們以互補的方式共同存在。對佛教徒而言，我們的目標不是要征服死亡，而是接受它，並且讓自己能熟悉自己必死與無常的感覺。基督教對死亡的觀點似乎非常不同，尤其是新教神學（Protestant theology），死亡被看作是原罪的結果。由於亞當的違犯禁忌，死亡於是產生。在此神學中，上帝創造亞當本來是永恆不死的，但因為他的違誡，導致人類變成會死亡。因此，一些基督教的神學家描述死亡是不自然的，如同十一世紀的聖者安瑟倫（Saint Anselm）聲稱：

很容易證明人是被創造成不一定要遭受死亡的；如同我們已經說過，當祂創造他聖潔以享永恆幸福時，卻強迫人類無辜遭受死亡之苦，這與上帝的智慧和正義不一致。由此可見，人類若不曾犯錯，就永遠不會死亡。

在這個觀點下，死亡與原罪結合在一起，由於我們的原罪，繼承了我們對死亡的意識，以及沉重地認知它不可避免的逼近。直到原罪出現，才變成如此。於是耶穌復活的意象，祂在死亡後復生，征服死亡，變成所有基督徒的希望。這個希望是在某一時刻我們將全部復活，享有永恆的生命。這與佛教的觀點大不相同。根據佛教，死亡是因爲我們是因與緣的產物（梵文pratityasamutpada）。任何由因所生起的都是無常的，都會腐朽，會死亡。它是自然的過程，人類也不例外。生而不死是不可能的，反之亦然。佛教修行最究竟的目的包含接受死亡，以及培養不拒絕死亡的態度，不認爲死亡是一件醜陋、具威脅的事情，會奪走我們的生命，因此要擱置一旁且應該被忽視。佛教徒沒有永恆活著的想法，佛教徒的觀點是，每一件事物都是短暫且無常的！在所有時刻，死亡與生命事實上都彼此密不可分，緊密相關；即使我們還在世時，例如老化過程的本身，就被視爲是死亡過程的一部分。

從佛教徒的觀點，我們不是在冥想時，與死亡直接接觸——宛如迎頭的接觸。基本上，我們認爲每一件事皆短暫且無常，然後以此爲基礎，從客觀性的觀察開始，逐漸轉向我們生命中更直接的部份。這可以包含各種事情，例如季節的變化，年、月、星期的流逝，或任何物質環境的變化等。

按照如此方法，有一個著名的故事。有位母親抱著她死去的嬰兒來見佛陀，她懇求佛陀：「您是一位正覺者，必定擁有所有超凡的能力，希望您能讓我的小孩活過來。」佛陀說：「好的，如果妳先爲我做一件事，我就幫助妳。」

「我願意幫您做任何事。」她回答。佛說：「我要妳到這城市去敲每一戶人家的門，問應門的人，是否他或她的家族曾有任何人死亡？如果那人回答沒有，那麼，請他或她給妳一粒芝麻。蒐集這些芝麻，然後回到我這裡。」婦人敲遍每一扇她能找到的門，卻空手而返，她對佛陀說：「現在我不想請您把我的小孩帶回來了。我已了解您想要教導我的道理。」

此處的教示是，死亡是遍滿各處的，不是偶而才發生在特定人的事情，而是發生在我們每個人的身上。知道這一點可以減輕對死亡恐懼的刺痛。這類似於人們分享某種心理或個人的問題，每個人最終敞開心胸，與他人談論類似的問題，了解到我們基本上全都經歷相同的事情；如此，問題就緩解了。佛陀對這位傷心的母親所說的要點是：每一個人都會死亡。這是很慈悲的，因爲只是想著「我的兒，我的兒，他死了，我想要他活過來」，以這樣的方式，限縮了我們的注意，因而產生極大的個人問題。想起所有曾經失去孩子並且經歷過同樣哀傷的母親是比較好的，由此它變得更包容。這個問題變得超越個人，進入某種更寬廣的狀態。

就業力而言，從佛教徒的觀點有一個有趣的問題要問，我們的死亡是否是一種注定的方式？在某些方面可以這麼說，有一個命中注定的死亡時間，因爲是由我們的業決定。當死亡的時刻來臨，於是我們死亡了，這是我們業力的結果。另一方面，我們的死亡也依賴許多的因與緣，在那意義上，就不是命中注定的。因此，在某種意義上它是命中注定，而另一方面則並非如此。由此可知，佛教徒在身體不適時應求醫並接受治療，或者若需要就到醫院去，他們不應只是默認說「這必定是我的業，我現在就要死了！」因而不做任何事情。因爲，注定的時間可能尚未來到；而如果他們不小心，由於因與緣的運轉，他們可能在注定死亡之前就死了。即便如此，有時無論我們爲了要活下去而做了一切，卻也無法辦到。

禪修死亡

人們並不只是懼怕地獄中永恆的痛苦與煎熬，而是懼怕滅絕、不再活躍、不再存在。對許多人來說，這種想法本身令人不安，消除地獄的觀念並不會減輕對死亡的恐懼本身。我們有一種對死亡的恐懼，其他生物也一樣，但是從佛教的觀點，我們的恐懼與我們的自我概念緊密相關。雖然禪修或冥想死亡在最初可能非常困難，最終我們將會發現如此做比沒有做遠爲更好，正因爲對死亡的恐懼總是在那裏。在每一件事之下，根本的不安感總是在那兒，因此最好使它處於顯要的地位並且去對待，而不是擱置不去考慮它；因爲如果忽視它的話，將持續影響我們的生活，而且通常是以負面的方式。我們必須記住，這種修持是在其他佛教修持的脈絡下完成的，這些修持是爲了整合和處理心靈中全部的負面情緒而設計。

與死亡的恐懼共處

有時候人們認爲在西藏成長的西藏人，或許對死亡有不同的態度；事實上西藏具有特定爲此目的而設計的心靈指示，這意味著西藏人並沒有不一樣。如同在西方的我們一般，他們害怕的不僅是自己，也害怕拋下他們的子女與關愛的人，也希望不會衰老與死亡，或是英年早逝那類的事情。對死亡的恐懼十分普遍，不分文化，每一個人都會經驗到。但是在佛教傳統內有一個重要的區別，強調與恐懼共處。西藏人有接觸這類性質的傳統與修持的機會，若他們如此選擇的話。例如，僧侶會去屍陀林（charnel grounds）或是墳場修行，冥想無常，這些對我們來說可能有些超過了。在西藏，墳場經常是在荒野，那是十分恐怖的修行處所，尤其是獨自一人，保證會激起各種各樣的恐懼。在這些場合使用的脛骨喇叭（thighbone trumpet）以及其他這類的法器嚇壞了一些西方人；他們形容這些儀式像「薩滿教」（shamanism，一種原始宗教），混合黑巫術的邪惡元素。對西藏人來說，生活在原始的自然條件下，這些骨頭沒有神奇的特質，只不過是提醒無常與轉瞬即逝的東西罷了。它能幫助他們面對死亡的恐懼，以及對死者的懼怕。

當然也有些佛教的傳統如禪宗，沒有像西藏佛教包括咒語、觀想等那些繁複的儀式，而是專注於當下正在發生的事情，避免可能產生的所有各種心智建構（mental constructions 譯註：即觀念、理論與意識形態），是給未來做準備的最好方式，包括死亡的必然性。最終結果是一樣的。兩種方法都會引導至接受死亡這件事，其究竟目的相同，就是提高覺知及開展智慧。此外佛教的觀點，當然是生與死每時每刻不可分割地緊密相連。過去的死亡現在正在發生，我們永遠無法眞正見到未來將發生的事情。當一個剎那過去時，那就是死亡；而當另一個剎那生起時，那就是生命或再生，我們可以這樣說。活在當下具有覺知，以根本的方式連結無常的體會。

不論法教或禪修技巧是如何的精巧詳盡，這都不重要，基本的目的仍然是對待此時此地當下直接的經驗。未來會不會發生甚麼事，或是未來會不會得到一些美妙神奇的經驗，都與它沒有太大的關係。正如上師們不斷強調，與證悟一樣重要的是，證悟的達成必須經由此時此地應對當前的境況，而不是沉溺於揣測證悟可能是甚麼。這不是說我們必須修持佛法才能安詳地死亡。究竟上，從人們的性格來判斷，一個人無法辨別誰會平靜地死亡，如同伊麗莎白・庫伯勒－羅斯（Elisabeth Kubler-Ross）提到，有些基督徒很平靜地過世，然而有些十分掙扎；有些佛教徒死得安詳，有些則如他們說的又踢又叫；而有些無神論者死得很平靜等等。一個性情溫和的人拒絕接受死亡，可能在死亡時變得十分兇悍且令人憎惡；而其他的人，通常性格不討人喜歡，結果發現非常能接受死亡，和藹可親。我們絕不能眞正肯定地說，任何一個人對死亡會如何地反應；

但是可以肯定地說，某些禪修包括那些對死亡的禪修，的確能幫助一個人更容易接受它！雖然我們不能絕對肯定，在那個時刻，即使是虔敬的修行者也可能產生恐慌。如果我們知道會發生的一切，對死亡可能就不會有太大的對抗。

聞思修三者一體

這把我們帶到一個關鍵因素：視閱讀（聞）、沉思（思）、禪修（修）三者爲一體。我們不應該滿足於僅是思惟無常與死亡；必須要有來自於禪修的眞實體驗。閱讀有關佛教對死亡的態度與方法是重要的，但是必須成爲一種存亡的關注，必須轉化爲對死亡近乎一種眞正的直覺，或是眞實的遭遇。在這個層面上，各種各樣的恐懼與情緒會在禪修時產生；我們學習以非常確實的方式去處理它。遵循如此的道路，我們的知識就不會在實際經驗中消失。從佛教徒的觀點而言，有這麼多事物取決於我們的習慣，用某種方式去思惟死亡可以幫助我們熟悉、習慣它。在情緒與智慧的層次上，必須產生眞實的轉化。大多數的我們對這些事實都有相當程度心智上的了解，但那實在不是主要的重點，一種無常的感覺必須要能被感受到，並經驗到。如果我們眞正的了解它，將能把我們的苦難對待得更好。例如當關係破裂，當我們離婚時，當我們與摯愛者分離，當我們的親友去世時。以一種對於無常的眞實體會，我們處理所有這些情況的方式，將遠不同於原來可能做的方式。

從抽象的意義上知道每個人都會死亡，或每一事物都是無常的，這不同於在日常生活中，面對面經驗無常。假如我們已經感受到無常，就更容易去應對悲劇，因爲完全了解一切無常、瞬息即逝，沒有甚麼是永恆的。如佛陀所說，我們接觸的人與事，常是我們不希望接觸的（怨憎會），而與我們分離的人與事，則常是那些我們希望能常相聚的（愛別離），事情實際上就是如此。同樣地，當死亡發生時，可能是一件非常可怕的經驗，我們或許可以保持這種覺知感，就像在《西藏度亡經》中所探索的，那是很重要的事。恐懼也許仍然存在，保持一種平衡的感覺非常重要。佛教禪修者也許會與伴侶分離，且遭受極大的壓力與哀傷，但是他們不會完全屈服於哀傷，以至於不知所措，這也可以應用在他們自己的死亡上。

七　不朽、轉世與再生

沒有不朽的靈魂

佛教「再生」（rebirth）的觀點，如同我們已見到的，駁斥「靈魂不朽」的概念，因爲它否定有任何的事物是不變的，不論是現象界中物質或心理的面向。佛陀把他那個時代盛行的身體與靈魂的理論，歸類爲兩種明顯的錯誤。這些我們已經談論過。第一類否定身體與靈魂分離——死亡時，我們就完全滅絕，不再有死後的生命、或來生。另外一類認爲身體與靈魂完全分開獨立。身體會腐朽，但是靈魂不朽，持續從此一生到下一生存活下去。佛陀稱第一派爲「虛無主義者——斷見者」（nihilists），而第二派是「永恆主義者——常見者」（eternalists）。有趣的是，這與我們今日面臨的情況並無不同。一方面是人本的唯物主義者（humanist materialists），他們否定心或意識的存在，駁斥個人死亡之後有任何存活的概念；另一方面，宗教的傳統斷定死亡之後靈魂未死，持續存在。相反地，佛教對於再生的立場是根據所謂的中道觀點，避免了這兩種極端，全然否定識或心的相續和假設有一個永遠不變的靈魂本體（「阿特曼」即「眞我」，或「靈魂」，或某些其他描述的「大我」）。依據佛陀所說，身與心持續變化，因此即使死亡時，從此生傳遞到下一生的，不是一種不變的靈魂本體，而是不同的心理元素全部結合在一起的「伏業」或「印痕」（samskaras）——記憶、各種印象等等，這些沒有一樣本身是不變的。

再生與轉世的區別——相續而非同一

因此，佛教再生的概念必須明確地界定，以區別那些經常被混淆在一起的觀念，尤其是與印度教密切相關的轉世觀念，他們認爲一個人以不同的身體回來，但具有相同的靈魂。佛教的再生觀念也必須與古希臘的不朽觀念及基督教的復活概念加以區別！這兩者皆主張不朽的靈魂，雖然將不朽的本性歸於上帝，他們有所不同。然而，在所有這些觀念中，本具的是不變的靈魂本體，在死亡後存活下來，並且持續從一生延續到某些其他類的生命。

在佛教中，「轉世」（reincarnate）的詞語，不是一個不變的自我，而是精神物質的集合體。這不是同一個靈魂轉世，它是再生（rebirth）。是同一個體再回來，或取得一個新生命，但是那一個個體是完全不同的，因爲關於他或她的每一件事都已經改變了。嚴格說來，有的只是相續，而非同一。

佛陀關鍵地指出，有的只是相續——每一剎那既非相同亦非不同，如上所述，也沒有嚴格的同一的概念。業的印痕從此生移轉到下一生，但是在這些精神元素的集合體中，沒有一樣保持不變。在這個意義上，它可以支持一個存活本體的想法。佛教學者弗郎西斯．史托利（Francis Story）也提到相同的觀點：

對佛教再生教義的大部分誤解，是由於在西方使用「轉世」（reincarnation）、「轉生」（transmigration）以及「靈魂」（soul）這些詞所導致。

「靈魂」是個模稜兩可的用詞，在西方的宗教或哲學思想中不曾清楚地被定義過；但是它通常被用來表示一個個體人格的總和，一種永久存在的自我實體（ego-entity），或多或少獨立存在於身體之外，並且在死後倖存下來。「靈魂」被認為是區分一個個體與另一個個體不同的個性因素，被認為包含了意識、心智、品格以及構成心理的一切，一個人非物質的部分。佛陀明確地否定了上述定義的「靈魂」的存在。佛教認知一切有條件的（因緣）及複合的（和合）現象都是無常的，僅此一點，就使這樣的一種「靈魂」的存在不可能。

佛陀在否定靈魂觀念的同時，也否定了轉世的概念。因此，他與印度的許多印度教傳統是不同的，那些傳統仍保留死後靈魂存活下來，且繼續過著一連串生命的這種概念。在佛教的觀點，只有一個精神物質的集合體從此生傳遞到下一生，與所有其他的事物一樣都會改變。所有生理與心理的現象都是複合的或有條件的，任何有條件的都由因所引起，而任何由因引起的都是無常的，都是會改變的，沒有什麼是永久的。因此，佛教的觀點不能被視爲與我們所提到過的其他信仰相類似，或在某種方式上相符合。對他們來說，這是另一種選擇，並不是說這就比較優越。佛教再生的觀念與印度教的轉世觀念、不朽靈魂的理論以及復活是不相容的！認知此處實質上的差別非常重要，而不是把不同的觀念混雜在一起。

根據佛教，我們擁有的這些自身（self）或靈魂的各種概念是精神的建構，不是我們可以從任何眞正意義上去尋找或確定的東西，這也是爲什麼不同的人對「眞實的自身」（real self）可能有不同的想法。某些傳統指出觀察者本身就是類似於這個「眞實的自身」。然而佛教，尤其是中觀學派的傳統，否定有一個觀察者的這種觀點；因此，它與一些特別的印度教傳統的方向，尤其是不二論吠檀多（Advaita Vedanta）有明顯的區別。後者宣稱有一個所謂的見證意識存在——另一種「阿特曼」（atman，眞我）的概念，或是超越自我的概念——一個觀察者在觀察我們的經驗、感受、感覺、知覺等等，但不是它們本身。它無法像自身那樣地被知道，因爲它不是知覺的對境；然而有一個觀察者，與被觀察者不同。從一個佛教徒的立場來看，除了根本上反對一個靈魂實體外，此處有一個額外的問題，就是陷入這個觀察者的觀念，那是個無限回歸的問題——這個觀察者正在被觀察，而另一個觀察者觀察到這個觀察者正在被觀察等等，不斷地回去又回去，事實上幾乎沒有解釋任何事。按照佛教的說法，這一切沒有變得更清楚，並且在任何情況下都不能得到令人滿意的解決。就這觀察者之所以是一個觀察者而言，我們是有知覺的生命，而僅只是透過知覺，我們能感知事物，而不是無法知覺它們。接續此處的說法，要證悟意味著，在我們清醒的狀態下，比大部分我們的正常狀態都要更有知覺，不需要假定一個「額外的實體」（extra entity），一個「眞實的自身」（a real self），具有一個觀察者的想法，因爲意識的作用是觀察並且覺知。這是爲什麼在英文，它被稱爲「識」（consciousness），而在藏文則是「謝巴」（shepa），意思是「知道」（knowing）。

否則我們會是無意識的，與無生命的物體沒有區別。

當然，佛法中是有一個觀察者，只是並非一個不變的「眞實我」（real me）在觀察。假如完全沒有自身，我們毋須費心禪修，既然沒有人能得到利益，禪修就毫無意義。因此，傳統世俗的自身不被否定。依據佛教，我們談到的觀察者，即經驗者，就是五蘊所描述的一串功能與屬性，經由禪修的技巧，我們直接探究這一切。我們審視我們的身體，發現我們不是我們的身體，並且不是我們的感受或記憶等等。於是將這個被稱爲「我」的東西，當作是一個完全獨立，存在於我們的偏愛、性情、特徵與個性之外的獨立的實體來搜尋。

五蘊就是我們，我們就是五蘊

我們通常認爲我們「擁有」這些事物，這些個人的特徵，但是不知什麼緣故，「我」與我們所擁有的這一切事物不同。在這些自身探索中，在否定所有這些我們推斷究竟上不能定義「我」的面向之後，我們要問——還剩下什麼？什麼也沒有！如果我們不是這些東西——不是我們的記憶、性情、身體、名字、職業或任何身體的或心理的屬性——那麼，我們是什麼？我們假定在一個深的層次，有某種與所有這些事物分離的東西。就在這個關頭，佛教說那兒什麼也沒有。經過徹底的審視，我們找到了這一點；我們發現，或說了悟「無我，無自身」（no self）。我們不是不存在，宛如鬼魅般的眾生，而是相當眞實的——只是沒有一個內在的本質，我們可以說「是的，這就是我。」當我們發現這一點時，我們就了悟了無我。有個傳統的我構成的五蘊，那就夠了。爲甚麼我們需要更多其他的事物？我們可以稱桌子爲桌子，不需過度擔憂某種叫做「桌子性」（table-ness）的東西。我們可以很容易以這種方式來觀察並推論——就它有本質的這個意義上，桌子是不存在的：桌子不是桌腳或桌面。我們可以拆開桌子，觀察到桌子沒有「桌子性」。桌子是我們所見到的，具有桌腳、桌面等等。我們這個自身也不例外：我們是我們的感受、記憶、願望、恐懼、企圖心——所有我們擁有的這些東西，這就是我們。我們就是五蘊。發現在這一點之外，沒有任何的東西，知道沒有所謂「桌子性」，或「自身」這樣的東西，就是了悟空性（shunyata）。除了各種現存的事物之外，空性不可能是一個獨立的實體而在其他地方被找到。

當然，因爲有意識，所以有一個觀察者。由於存在著一個觀察者，使我們有可能整合自己的各個部份，並且運用到我們自己的身上。例如，一個精神分裂症的人是不能如此做的。精神分裂的人有如此多不同的自身認同，他們是否能夠整合任何事情令人懷疑，因爲他們無法採取立場去觀察發生在他們自己之內的事情。在這種情況下，這個自身的整合能力消融了。相對正常的人，即使在觀修沒有眞實的自身之後，仍然可以顯現出整合他們身體不同部分與四肢的能力。因此，與我們應該徹底拋棄這種感覺的想法正好相反，事實上保有它是非常有價値的，我們應該努力不要失去。

在討論這些事情時有一個問題，我們經常傾向於回復到「事件」語言（"thing"language）而非「過程」語言（"process"language）。過程原則否定需要把觀察者堅持定義爲一個實體，如同我們在事件語言及實體哲學所做的那樣。觀察的過程以及自身意識的建構是一個過程，或許多個過程。同樣地，意識的概念通常被說成是靜態的。某些事被說是「在」我的心內，或「在」我的意識內。好像心是一個容器，我們所有的念頭與心理的過程是不同的東西。然而從佛教徒的觀點，心一點也不像是一個容器，因爲若沒有這些意識的過程，就沒有意識可被說是一個單獨的東西。

明顯地，假如我們主張在上述的意義下「自身歸因」（self imputation）是虛假的，那麼，在邏輯上，五蘊也必須以相同的方式被當作一個虛假歸因。如果它們被定義爲「自身」，那麼在佛教的理解中，它們如何可以有「再生」？

再次地，與「自身」的觀念一樣，唯一被否定的是指派給五蘊的永久性——此外無它。五蘊，或五種身心的組成物：色、受、想、行、識，確實存在，確實有眞實性。除了身體這第一種蘊之外，再生的正是其他的幾種蘊共同組成自身。就如同我們使用及處理的物質事物具有眞實性，卻沒有潛在的本質，精神元素也是如此。從本質上來思考是非常根深蒂固的，正如我們堅持以實物來觀察它的方式所證明的那樣。沒有歸因，我們所感知的一切都是完全虛幻的，沒有任何的存在。根本沒有潛在的或本具的本質。這是幻覺。幻覺不在感知事物，或事物的自身完全不存在。

開悟的可能

假如我們是一連串的過程，隨著目前性情的改變，我們的意識過程就會改變，這正是開悟可能的原因。我們不會僅因爲活著就開悟，而是經由更多的了解，更多的智慧。了解自己所有的不同面向是讓我們更開悟的原因。開悟需要兩件事：情緒煩惱的減少以及心靈的清明。這是經由禪修，以及經由正念與正知的培養而達成。正念與正知的修持也是過程，使心得以轉化的過程。在此刻，現在可能有許多的迷惑、妄想與遮障，但這個心，經由一個過程可以變得更有覺知、更有意識並且更具洞察力，正是因爲它在改變著。相反地，如果心是一個不變的事件或東西，它就無法改變，它所擁有的任何本質就必然繼續存在，使意識的轉化變得不可能。因此，沒有必要害怕這種缺乏潛在、不變的精神原則的想法，我們不會消失或失去任何東西，或在某些方面變得更少。實際上，因爲對所涉及的事物有更深的理解，我們變得更豐富。

八 業力理論——倫理基礎的可能性

贊同業力理論，並不意味著否定人們從上帝信仰中得到的啓示，以及由此而做的善行。一個人的倫理啓示很可能來自這種根源！從佛教徒的觀點，這是非常好的事情。我們可以把倫理與道德的價値樹立在業以外的信念上，作爲一個有神論者或是世俗理想的信徒，過著道德教化的生活。然而，業力理論提供另外一種觀點，對各類有神論與無神論而言，是一種不同的基礎，它在許多方面實際上更有意義，這是此章節所要討論的。

有神論能否作爲倫理基礎？

簡略概述有神論的觀點，其中有一位全知全能的上帝，有神論把我們與道德行爲的關係，視爲必須符合全能上帝的願望。若有一個神聖的計劃，則所有一切，包括物理世界與我們的精神世界，它們的創造都按照這計劃；在上帝的自然法則內找出並發揮我們的作用，這一切取決於我們自己。遵循聖經——上帝的話，我們就成功；但若抵抗或違背，我們就受苦。對印度教而言，這並非是陌生的想法。從哲學上說，這樣的想法實際上不會導致道德的行爲。照我們所感知的宇宙神聖秩序去行事，不是道德或倫理，而只是服從規則，這並不構成道德的行爲。行爲要合乎道德，我們必須做出選擇。這歸結到權衡的決定——「我應該做這件事？或是不該做？」我們的欲望被其他一些重要的考量所挑戰，在這種有選擇的背景下作決定，就是道德。許多有神論的看法，對於行爲舉止應該如何，沒有提到這樣的選擇。

人權與正義能否作爲倫理基礎？

以世俗主義理想做爲倫理行爲的基礎，情況稍好一些。以非常重要的人權與正義的理想爲例，雖然許多人嘗試過，但尚未有人能夠在這些前提下建立一個穩固的倫理基礎。西方哲學與社會科學一些最傑出的人都未能取得重大的進展，在政治科學與社會哲學的領域，約翰．羅爾斯（John Rawls）在他的經典著作《正義論》（A Theory of Justice）沒有這樣做，而尤爾根．哈貝瑪斯（Jürgen Habermas）也是如此。一般來說，正義與權利的概念似乎被認爲是不言而喻的，但事實並非如此。它們絕非是不言而喻的，實際上是建立在非常脆弱的基礎上。這種典型的想法，它們本質上是十分理想的。舉例說，正義是什麼構成的？一般採用的策略包括創造許多不同的可能方案，以便在一個理想的狀況下得到一個正義的定義，理論家希望從這個狀況中提取一個可適用在多種情況的可行理想。相當確定的，沒有一個存在的社會與這些理想的情境類似。甚至在抽象的層面，除了任何實際的執行之外，不論這些理論的設計是如何開明、無偏見又包羅萬象，無法涵括一切，因爲這是不可能的。其他人根本不同意這些模式。

權利與正義的觀念有其地位，但不能是道德的基礎。如同我們已經見到，對一群人而言是權利，對另一群人卻是侵犯權利；而對一個人正義，對其他人卻不是正義。這是爲什麼我們有如此多的衝突！恐怖份子爲正義而戰，反恐份子也是爲正義而戰等等。必須要問的是——援引這種權利與正義觀念的效果如何？用這種方式解決衝突了嗎？僅只是業的觀念，它的原則，即使對個人而言，它無法成爲完整的信仰系統，作爲道德基礎卻比這些世俗的想法更有價值。甚至在務實的層面上，例如讓一位強暴犯認爲他們的罪行是一種墮落的行爲，而不是讓他們只是害怕被監禁，是不是更好？這類的正義，正如目前所施行的，對事情沒有眞正的幫助，因爲根本上沒有任何改變來自於個人的內心。

一旦罪犯被釋放，他們極有可能會再度犯同樣的罪。我們的公共爭論目前主要關注在做正確的事，很少去留意構成這些決定的道德基礎可能是甚麼。佛教善巧地解決這種情況，因爲它教導做健全或有益的事，而非甚麼是對、甚麼是錯。我們自問：「甚麼是對我們自己以及對他人有益的事情？」以及「甚麼是最不健全的事？」

岡波巴在《解脫寶莊嚴》（Jewel Ornament of Liberation）一書中討論這個事實，眞正的道德或倫理價値必須由內顯現，這確實是業力理論的基礎。道德價値不是來自於外，必須來自於內。我們不能在做錯事之後，認爲那不是我們的過錯。這不是在責備受害者，那已經成爲近年來針對業力理論普遍的批評。如我們已經見到的，業力理論不是這種機械式或簡單化的方式。它不會直言不諱地說，人們所發生的一切是由於他們的業，他們已經種下的種子，因此他們有錯，應該承受發生於他們身上的一切！這樣的想法完全違反佛教的觀點。當然，還有佛教不承認獨立的行爲者，也沒有以完全意識行事的獨立道德行爲者。以完全意識行事的人就是證悟者，換言之，是佛。但，佛是不尋常的，大多數的人都出於無明而做蠢事；因此，我們不需爲我們的行爲負完全的責任，如同若我們完全了解正在做甚麼的話，就應該負全責。但有些人有時會別有企圖，實際的預謀與盤算，這就是一個不同的問題。如果我們是以如此的企圖行事，確實要面對隨之而來的業果的全面衝擊。然而大部份時候，我們的動機不是那麼明確。我們仍然會因無明所做的事而受苦，但不是相同的方式。如我們所見，根據意圖，存在著廣泛的可能性。比如說我們開車時撞死鹿，比起打獵時射死鹿，業力責任是比較少的。

關於業力理論，眞正的區別是它直接關係到人性，以及我們應該如何與他人互動。道德奠基於我們對自己本性的了解。根本上我們應該要有道德，因爲我們是身爲人類的眾生。這是業力方法最具決定性的優勢，我們能夠看到以某種方式行事是多麼重要，因爲它非常符合我們的自身利益。我們不被要求做這樣、那樣的事情，只因爲我們一定要或必須要做，或因爲我們被期待做。相反的，我們做某些事，是因爲經由反思和思考，了解到自己是甚麼樣的眾生——我們的念頭、感受、欲望與企圖心——我們很自然地想到什麼是滿足這些企圖心、欲望等想法所需要的事情。佛教鼓勵我們深入研究這些事情，並且在某個階段開始澄清這些觀念，以期最終學會正確地駕馭它。

以這樣的方式，道德與我們的自我與自我同一性緊密相關。因此在佛教，當我們的行爲合乎倫理，我們就是對自己忠實；當我們的行爲不合乎倫理，就是對自己不忠實。對自己忠實，我們就造了善業；對自己不忠實，我們就造了惡業。通常我們認爲不道德的行爲是陰謀、詭計、欺詐、說謊，此外還有以各種形式欺騙他人；最終實際上是自我欺騙，這是我們道德腐敗的根源。道德腐敗與罪惡無關。驅策我們參與某種形式的行爲不是我們的罪惡本性，而是內心的腐化，它隱藏在自我欺騙方式的內心深處。我們經常認爲「我這樣做，因爲它對我來說非常好，」但是它對我們一點也不好。在我們自己身上，在我們的本性上觀察這一點，我們可以改變策略，認識到需要不同的方法：「如果想出人頭地，如果要過更充實的生活，我應該換一種方式去做事情——一定有別的辦法。」以我們一貫的方式做事往往是自欺欺人的技巧。它並未結成果實，也不會有成果。把自己看作是正在進展中，而不需去尋找隱藏在某處的「眞實我」，這是更有用的。佛陀不重視形而上學探索自身的想法。他認爲那是無益的，事實上是徒勞無功的追求。佛陀認爲，需要一個更實際的方法來找到自己。

從自己的本性開始，從我們非常有彈性的人類本性來觀察並了解自己。根據佛教，要做到這一點，有時候採取更多功能或結構的觀點是有幫助的。我們需要觀察結構元素間如何互相作用，需要觀察我們對環境與對他人的影響，以及受到影響後我們接著如何做出反應，還有在過程中，業是如何產生或造作的。在我們與他人的互動中，在每一場合，留意到一些伴隨的經驗，它們肯定會留下印痕，並非我們的經驗就消失了。有些經驗逐漸消失，其他則否。但即使是消逝的經驗，也不完全從我們的意識中消失，它們仍然持續留連，只是在無意識的狀態中。

德國哲學家馬丁・海德格（Martin Heidegger）寫過類似的東西。他說，我們所處的世界似乎就在面前，所以我們不會去思考或臆測它。世界上所有的物體——桌、椅、房屋以及其他一切——所有這一切似乎就在那裡。根據海德格，這種看待事物的方法是非科學的。事實上所有這些事物都充滿了意義。對我們而言，桌子是桌子，因爲每張桌子有意義；鐵鎚是鐵槌，因爲鐵槌有意義——它是用來釘釘子；湯匙是用來將食物放入嘴裡等等。在我們所經驗到的事物上重建意義，這就是業造作的方式。假如沒有工具將幾塊木材變成家具，桌子就不會存在，這又取決於設計的傳統。遠古時代的山頂洞人，沒有桌子或椅子的需求或概念；他們依賴石塊。要有桌子，我們需要有木頭的概念，那是來自於樹木，樹木來自於森林，而森林來自於能讓森林生長的地理條件。因此，必須有一系列的意義，而業由此產生。我們造業，因爲看到的每一件事對我們都有某種意義；由於它對我們意義重大，就激發了我們的情緒與感受而造作了業。然而，我們賦予事物的意義與現象的相互聯繫有關，這是爲什麼深切理解這一點，也能引領我們脫離業的束縛，因爲了解這過程，我們脫離束縛。

我們對所感知的一切都賦予意義，如此一來我們就受到經驗的影響。否則，我們將不會受到影響，類似於實驗室中漠不關心的科學家，有點無聊又略感興趣。我們似乎處在佛教持續警告我們的相反的危險中——客體化事物的不正常傾向。實際上，我們兩者都做。我們確實客體化事物，也就是以二元的方式看每一件事——主體與客體，感知者與被感知者——但同時我們也未能把事物客體化，因此最終太過於個人主觀地看事物。由於沒有見到相互的關聯性，我們客體化事物；但是從另一方面，由於我們通常都非常迷惑，無法看清任何事物，一切都變成投射。因此，我們兩者都做：客體化一切事，並且非常偏頗地看一切事。但當我們客體化事情時，無法看清事物，只是以二元的方式看事物，並不表示我們清楚地看到它們，那仍然是投射的一部分。當我們把自己看成獨立於其他眾生的時候，不表示我們實際上是以眞正客觀的意義去感知他人。相反地，我們是主觀地在看他們，主觀地看待另一個人爲「他人」。經由客體的方式去看待他人，這正是業被主觀的造作的原因。同時，把所有的事物投射在我們經驗的情境上，把各種品質與特質都歸因於它。

業在相互關係的環境中起作用。當然，造業的是個人，但那幾乎總是在人際關係的環境中，這反映在我們象徵性地表現我們自己與他人的方式，還有我們如何呈現這世界給我們自己。因此，這種象徵意義同時有個人關係與人際關係兩者，讓我們能從相同的經驗產生不同的業，將一個共同的經驗解釋成因人而異的獨特經驗。作爲人類，我們傾向於依賴我們的概念與想法，甚至超過我們的感官，因爲我們不滿足於只是看到、或嗅到、或嚐到東西；我們必須知道它意味著甚麼。這個過程從最基本的層面開始：「這味道很好！」「這味道很臭！」「這眞是美麗極了！」或「這令人厭惡！」從這一刻起，我們開始用符號表示所經驗到的一切，隨著我們的抽象概念變得越來越精細，符號也變得越來越複雜。基本的論點是，我們不滿足於只是嗅覺或品嚐，而是透過額外層面上的參與，爲新業的產生創造開端。

心理與道德的分離

顯然，對佛陀而言，心理與道德是一致的。我們所想的、所感受的、所夢想的、對生活的計劃以及對自己的期望——所有這些都是重要的，因爲作爲人類，我們使用符號來代表現實。我們無法單純地去接觸一個直接，未經調和的世界，更確切地說，我們遭遇到的是一個充滿象徵性表述的世界。遭遇到的一切對我們都有某種含意，任何時候我們看事情，我們挑出某些特徵。就日常遇到的物品而言，可能是桌子、椅子、房屋、汽車、動作、人、人的表情——所有這些事情。我們推測這些事情，賦予它們一定的意義——這是危險的、這是誘人的、這是騙人的等等，以這樣的方式造業。因此在佛教中，心理與道德是不可分的。事實上，正是因爲我們缺乏關注那些在我們的行爲與觀察上展現出來的心理面向，才導致我們在生活中經歷如此多的困難。有一個實際的分離正在發生。當我們忙著思考「我應該這樣做！我應該那樣做！我應該像這樣！我應該像那樣！」我們很少會去注意腦子裏眞正在想什麼。如果我們更加關注內心的眞實活動，那將會轉化爲自己的行爲。

心理狀態至關重要，因爲我們所思考的就是我們會成爲的狀態。事實上，我們的情緒跟隨著我們的念頭。比如說，如果認爲我們的配偶有外遇，不到一秒鐘，我們的情緒就立刻隨著產生。幾乎在念頭生起的同時，懷疑就在那裡了，嫉妒也在那裡。之後我們推敲著：「她長得比我好看嗎？」「他更帥、更有才智嗎？」這就是業如何地被創造。業就是這樣地被造作，因爲我們依著我們的念頭來行事。即使是疏忽也是一種行動的方式，一種業的行爲，而業力理論包括有所作爲與有所不爲的觀念兩者。繼續上面的例子，我們可能不會對我們的配偶或伴侶說任何事情，但是在心中，我們的嫉妒持續加深。當我們的伴侶問「你怎麼了？」時，我們仍然在沉思，會脫口而出：「沒事！」業仍然被創造。佛陀在這方面的教導非常深刻。這是有道理的，我們知道這是眞的，如果不能正確處理某些我們所感受或經驗的事，這些習慣對我們未來的生活就會產生負面的影響，剝奪我們可能的幸福；因爲我們陷入一種負面，而且毫無益處地處理某些問題的特定方式中。

業力是法則嗎？

正如我們已經見到，業力的道德層面經過長久的時間才有進展，而佛陀扮演重要且原始的角色，使業從一個多少是團體的觀念，牽涉到神的救贖以及順從更高的秩序，轉變到個人的事情。即使如此，直至今日人們談論「業力法則」（karmic law），但那是不存在的。這種法則的想法純粹是西方的發明，因爲在藏文、梵文、中文或日文並沒有這個用詞。這種誤解至少有一部分似乎來自於早期希臘哲學家提出的自然法則的觀念；隨後是基督教徒，尤其是多瑪斯．阿奎那（Thomas Aquinas）。多瑪斯主義（Thomism）如同一般所稱的，深深地影響西方道德、法律、正義、人權等等的思想。他認爲這些事情是立基於外在的情況，事物的自然秩序，自然法則——如果一個人按照宇宙眞理來行事，正義就隨之發生，如果不是，就是不正義。這種道德可稱爲自我創立，因爲是自我參照的，成立於自身。從這基礎來推論，與佛教對倫理道德的基礎或根本的思惟方式完全無關。

當道德基礎是自己成立的時候，都會非常危險。首先它鼓勵道德、教條與清教徒式的各種思想與行爲。它也傾向於加深道德神經症與強迫行爲——例如人們可能希望每天重複不斷地洗滌以保持純淨，他們可能排斥與他人身體的接觸。道德癡迷，是對無法抗拒之既定法則的共同心理反應。佛教提供一種並非金科玉律式道德基礎的可能性。當佛陀談及業時，他並未提到依賴外部環境與形勢的道德原則。在佛教，即使我們稱之爲極兇惡的行爲，例如謀殺，也要考慮到減輕情節的道德考量，如同我們討論過的，需要考慮到該情況的各個方面。就業的負面影響而言，這類事情是沒有絕對的，因爲在業與其運作背後的根本推論是，它根據一個生命體與其他生命體的關係來運作。這就是業運作的方式。正是我們的行爲對自己或對他人的影響，決定行爲是好是壞。並非行爲本身決定一件事是好或壞，而是它的結果。我們對這一點要小心，不認爲可以做任何喜歡的事，只因爲它感覺很好。業力理論的中心議題關注在能眞正促進我們以及他人福祉的事情上。一件事是對或錯，是十分次要的問題，主要的焦點是這個行爲是有益或有害。從長遠來看，做對業力有益的事使我們快樂，而做對業力無益的事情讓我們不快樂。業力理論在這一點上顧及自身利益，我們應該關心自己，並且想想什麼才是對我們眞正有益的，我們應該認眞地反思這一點。

「沉著」——「輕安」（equanimity）的概念對我們的自身利益很重要，因爲一方面業的造作是出於我們的習慣，若能保持平靜與敏銳的觀察，可以減少我們輕率行爲的動力，這是佛教修心的第一基本方法，平息放縱的思緒。這可以減少我們的負面習慣，這些總是在強化我們已經養成的習慣。但是也有培養正向業力的方面，這在西方並不爲人所知。在西方，於通常的情況下，若我們認眞地思考業，往往都偏於負面的部分，是我們深陷輪迴的那個部分。因此業被視爲是我們必須擺脫或減少的事情，而且愈快愈好。採取這種態度，培養業的整體觀念就被忽略了。傳統上佛教認爲業的負面部分，是由於缺乏培養而發生。我們的行爲受制於輕率，未加思考；我們在一種分心的狀態下行事，出於習性，幾乎毫無意識。藉著看到它的另一面並學習培養業，解決我們必須解決的習慣，變得更能反思，業就成爲一個解脫的概念。當新的念頭突然出現在我們心裡，它們進入一種現在的心理狀況，而它們是否生根繁茂或是枯萎凋謝，都受到我們健全思想培養的影響。的確，這些正向的習慣，積極地激勵，實際上有可能停止成爲習慣。

毫無疑問地，我們進步到越來越少造業，這是最理想的，因爲從佛教的觀點，即使是善業也無法產生完全的自由。任何業都是束縛。即使造善業時，我們也不是眞正的自由，但的確比造惡業時要自由些。我們只需從自己生活中看到一些例子，當對人生氣，我們感到陷入動盪中，並感覺每件事的發揮都受到限制。相反地，在一種慈愛的關係中，各種可能性都會出現；人們的互動不那樣的僵化。在這種關係中，我們能表達自己的方式非常不一樣；它相當不固定，較不易形成習慣。如我們所知，負面的關係往往極端僵化，昨夜的爭執在早上重新展開，幾乎是一字不差；相同的話語和手勢出現：「你說過這事！」「不，是你說的！」我們有時甚至可以在尚未開口前，就聽見即將說出口的話語！我們確切知道它的結果會是如何，就像是在預演。因此，負面情緒很容易形成習慣，很快地就根深蒂固，使我們陷入自己的混亂狀況中。

佛教對治這種傾向的技巧，除了培養「沉著」外，就是刻意去思考我們通常不會去思考的事情，或最不想要思考的事。藉由訓練自己有更健全的思想，我們讓適當的情緒與感受接著生起。舉例說，一個單純的念頭，如「我的伴侶眞是個好人」，會激起對他們溫暖的感覺。這類事情會有累積的效應，讓我們遠離負面思考的習慣。此外，表達對彼此的愛或那類的情緒，我們會發現自己不太需要遵循一套固定的文本。我們不需要說，「我愛你，就像我從前愛你一般！」沒有腳本。我們實際上變得更自然，嘗試各種不同的事情，這是正向的眞正特質。一般而言，每當我們想到美好或正向的事，不像負面思想那樣極易形成習慣。負面的思想十分狹隘、僵化、限制與約束。正面的情感與情緒是開闊的，帶我們走出自己。反之，負面的情感是向內的。甚至當我們強烈地表達自己時，雖然那是個明顯向外的表達，情感本身卻被閉鎖了；但當我們感到快樂時，不需要去表達，它已經顯現在外。

以業解脫業

關於探討我們的心，我們所採取的方法，佛教中培養與不培養之間的矛盾往往被誤解。在積極、審愼的層次上，以正面的思惟去看待，致力改進我們的習慣，似乎與一些人心中「放下」（letting go）的方式，或是與以心「直接證悟」（direct realization）的方法，如大手印修持，互相抵觸。的確，業與再生常被認爲是屬於佛教中非常基本的層次。一些大手印、大圓滿與密續「眞正的東西」的熟練修行者與評論家提到這些時，幾乎都是帶著歉意的。這種態度忽略了一個要點，業，若適當培養的話，能教導我們如何擺脫因業力行爲而陷入的困境。換句話說，我們需要業，來解脫我們的業。這並不是說我們做些別的事來擺脫業，以某種方式繞過它、避開它，相反地我們必須利用業，來解脫我們自己的業，這是佛陀所教導的。每當討論「自我培養」（self-cultivation）問題時，我們都是在談論業。即使在大手印或大圓滿的背景下，我們應該停止思考業或因果關係的原因，不是因爲業被認爲是虛假或不眞實，而是因爲它是由精神印痕創造的。這些傳統的作法是要避免執著於造業或不造業的概念，它本身就可幫我們放下業力的障礙。採取這種禪修方法時，我們不了解的是，我們仍然是在從事一種業力自我培養的形式。不要過於強迫，不要過於執著，這是培養健全業力觀的一部份。不執著於業，是正確培育業的一種方法。

正向的業是獲得智慧的必要條件

在目前的狀態下，我們無法接近我們的眞實本性，或自然狀態，或進入佛的智慧心。我們需要的是敏銳的智慧，尤其是洞察自己的智慧；爲了獲得這種智慧，需要使用各種智能。這種能力本身代表心智的不同面向，它們本身就是我們業力承襲的產物。因此，這些智慧是被產生的，並不是自然或任運生起的。它們是經過努力產生的，由培養心智及其官能而產生。因此，我們必須思考，正向的業是獲得智慧的必要條件。沒有智慧，我們將無法開展必需的能力，因爲心本身不可能無中生有，「憑空」生出智慧；我們必須培育心與身。在佛教中，就業的因與果以及業力模式的產生而言，身體並未被忽略，這是應該記住的另一個因素。有身業的存在，借此身體貯存身業的印痕，正如同心貯存心靈的印痕一樣。因此，身體開始在可預測的方式，以一種特定的方式運作。密續認識到這一點，這是爲什麼有許多身體淨化的修持被發展出來。除了心的淨化修持法之外，爲什麼還要從事身體淨化的修持？因爲在身體上我們也攜帶了大量的行李，這些包袱壓得我們透不過氣，讓我們生病。要正確地修持，不需要保持完美的健康狀態，但是如果我們的身體處在一個非常激動的狀態，或是很緊綳又緊張，身體就會在一定程度上發生問題，心也會運作不良。因爲我們的身體感覺很糟，要保持我們應有的精神態度與感覺將會更困難，要感受到豁達、隨和與廣闊十分困難。正向的思想要自然生起非常困難，因爲讓這類事情生起的條件並不存在。如果我們的身體緊綳，心也會僵硬，智慧幾乎沒有機會出現。

在創造善業，執行健全行爲時，我們變得更有創造力，因爲運用身、語、意三門的方式——身體變得更爲放鬆、協調，語言更能表達，心更有創意，而且我們經驗到的感情與情緒範圍更加多樣化。我們在身、語、意層次上溝通的能力隨著智慧完全轉化，因此，我們能夠運用所謂的「善巧方便」（善巧方法），這意味著我們能夠越來越熟練地處理每一件事，考慮不同的可用選項，不同的可能性。使用善巧方便的一部份是對我們的想法採取正向的加強方式，做爲調整我們習慣的方法。那是佛教對養成良好習慣的看法，由此，我們消除不良習慣，最終消除所有的習慣。究竟上作爲一種理想，佛教徒力求超越善與惡，超越這些術語來思考。這並不會讓他們更容易受罪惡的傷害或隨意作惡，如同一些有豐富想像力的人所認爲的。恰恰相反。這些人在這點上遠超越思考或作惡，遠超越那種習慣性的思想與行爲，因此沒有業。

佛教的本質——慈悲與智慧

佛教不需要像基督教一樣解釋罪惡的問題，因爲世界上的罪惡不是佛的責任。佛因悲心而再來，協助他人減輕他們的痛苦；即使如此，佛也沒有能力消除他人的業，或改變他人所做的事。佛可以引導、開放與敏銳回應，但不能直接減輕世界的苦難，因爲每個人都要爲自己的生命負責。佛無法神奇的消除他人的業，但可以幫助他或她如此去做。在思考證悟以及證悟對人類和地球等的裨益時，我們應該設想佛的智慧與慈悲的層次非常稀有，是我們努力的目標。同時我們需要禪修，努力變得更具覺知。奇特的是，經由對自己的反思，我們並未變成以自我爲中心，實際上我們敞開了更多，因爲我們看到與環境、世界和他人和諧相處是多麼的重要。開悟，就是眞正知道心的內在狀態以及外在的情境，看看我們應該做的是什麼——本質上，這就是佛教始終強調開展慈悲與智慧的原因。

九 業力理論與再生的實證面向

如果我們想要遵循佛法的道路，「業」是我們不能輕易忽視的事情。我們不一定需要接受它的眞實性，但是至少應該力求對這概念保持開放的心態，這實際上並非一些當代佛教徒的態度。在作出決定之前，我們應該正確地深入了解業力理論。同樣重要的是要記住，當我們對佛教教義的理解在本質與層次上更廣泛的開發時，我們的業力概念將無可避免地會改變。

業力理論也有實證的面向

業力理論不是一個完全形而上的抽象概念，如類似基督教復活的概念。業，的確有形而上理論的一面，但也有實證的面向。體會這個面向很重要，因爲它允許或者說鼓勵科學的作用。科學對來世的觀念能夠提供有力的實證支持，這相當有可能。對於瀕死經驗的現象與前世回憶的範圍，科學已經進行許多有價值的研究。對那些相信轉世或再生的人，還有那些相信人有一個識的面向，經由附著到一個新的身體而持續下去的人，這樣的研究有著潛在的重大影響，對這兩個觀念的發展與接受，可能有重大的結果。

瀕死經驗、前世回憶

對瀕死經驗研究最根本的觀察是，人們總是述說他們與自己的身軀分離。據報導，意識離開身體，轉而觀察躺在手術台上的軀體；手術結束後，這人恢復意識，隨後描述所發生的事情。如果這是眞的，那顯然完全駁斥唯物主義或任何種類的物質主義（physicalism）——這一種哲學立場認為世界只包含有形的物體，心與腦是相同的。若意識能夠脫離軀體，腦與心不可能是相同的一件事。有人認為，唯物主義的科學家實際上已證明沒有意識存在，心和腦是同一件事；但這沒有任何有效的證據。對於科學家聲稱，腦與心是相同的，就目前所有的實證證據來看，只是一個哲學的立場，而不是科學的觀察。如果瀕死經驗是眞實的，一個人的意識能夠脫離身體，從身外他處來觀察事情，這對一些範例有重大的意義。有一些非常具說服力的回憶需要認眞看待。例如通過復甦被搶救回來的人，提到一些相當驚人的事情，譬如「當我從上方向下看時，看到一枚銅板在架子上的玻璃罐內。」他們沒有理由知道這樣的事情，後來負責調查這件事的員工，確實看見那枚銅板。

這類型的事件可以在適當的試驗條件下證實，意味著心與身不是相同的可能性。這個無形的實體——或者在這些情況下，無論我們怎麼稱呼這觀察者

——實際上似乎可能存在。至少支持身與心不一定完全相同的觀點，在某些狀態下，它們可能會分開。

就這些狀況所經驗到的幻象而言，人們經常聲稱他們見到了耶穌基督、聖母瑪利亞、奎師那（Krishna）或是佛陀。這顯然與特定的人的宗教背景有很大的關係；在承認與這類精神人物實際會見的意義上，沒有正當的理由給予這些幻象任何客觀的眞實。事實上，這是《西藏度亡經》的立場，書中忠告要把死亡時候的所有幻象看成是自心的產物。整本書全都是要幫助亡者了解這件事。明顯地，從瀕死狀態後復甦與臨終後再活過來，是不相同的！儘管如此，這些經驗對這主要的議題：身心分開的概念，可以提供強有力的支持。

另一項有前景的研究領域是對前世生活自發的回憶。這在伊恩．史帝芬森博士（Dr. Ian Stephenson）詳盡的研究中，可見到例證。他的研究主要在斯里蘭卡、印度與中東進行，觀察幼童的證詞以及他們對過去生的記憶。這些孩子直到大約八歲前具有相當敏銳的記憶，但從這個年紀起，他們對過去生的記憶開始消失。根據在專業上相當受尊敬的史帝芬森博士研究，這些記憶可以非常清晰，對一個人的生活產生巨大的影響，並且在小孩與他們聲稱是前世所屬的家庭之間，導出一些引人注意的證詞與遭遇。假使這種現象證明是眞的，不僅身心的分離成立，死後的心相續以及依附在另一軀體也成立。可以預料的一點批評是，這些對過去生的記憶較常見於在印度和斯里蘭卡等區域，在那裡轉世是既定信仰系統的一部分，這樣的一個觀察可以是合理的。也可以認爲，由於這些觀點在世界上的這些地區更廣泛地被接受，所以人們在表達自己這方面的經歷，感到更自在。

一般說來，前世記憶的想法已經變得更能被接受了，甚至在西方也有愈來愈多的人聲稱具有過去生的記憶；由於各種因素，其中有一些是令人懷疑的。無論如何，在這個主題上有大量的資料，包括一些西方國家的事件，顯示這是很可探討的豐富領域。同樣值得注意的是，那些記得過去生經驗的人，有不同程度的生動性和洞察力，從僅對環境有非常偶然記憶的一端，到可以清楚知道他們爲什麼會再生的另一端。質量上，這些敘述肯定是相當多樣化。然而整體來說，即使對這問題有完全信心的人，重要的是對這種研究與證據要感興趣。我們不應該單純相信過去生的記憶或瀕死的經驗，而不以平衡的方式來全面思考。我們必需小心謹愼地接受這些資料的可能性，並且應該採用嚴格的規則來檢驗聲稱具有這種經驗的人的眞實性，僅只聲稱記得過去世，不應該算作證據；它需要被證實。這個人從何處得到資訊？這個人有可能從他處獲得嗎？在我們考慮一個眞正有效的來世經驗之前，資訊的所有其他可能途徑都需要先排除。

科學也可以幫助證明某種心或腦的狀態能引起一定的經驗，進而產生可以影響頭腦處理資訊方式的行爲；這會改變對世界的認知，影響資訊貯藏的方式，從而又透過行動來表達它自己等等。隨著科學實驗更加複雜，這種過程無疑將變得更顯著，提供更多關於我們自己的知識。重要的是，這與業力理論完全一致，業可以滿足各種各樣的探究。這是一個非常實證的開放論題，或多或少具有無限的潛力；但在某些科學圈中，仍然存在明確的嘲諷元素。的確，有些人聲稱已經證明再生與業並不存在，來自這些對業力理論武斷厭惡的人，實際上是完全不科學的。科學鼓勵開放、無偏見，直到事情被證明完全不成立、明顯是虛假爲止，好的科學態度都必須保持無偏見。它包含了推測，決定要研究甚麼，以甚麼方式去作或設計實驗。我們從這些冷嘲熱諷者中見到的基本上是唯科學主義（scientism），這幾乎與真正的科學態度相反。

再生與業，肯定還沒有被證明是虛假的。我們應該保持開放、無偏見的態度——這才是科學的態度。根據現有的實證證據，要斷言再生與業已經被證明是虛假，是採取一種科學主義的方法，那種方法在見解上是極爲狹隘的、自然主義的或唯物主義的。這陣營的人持有一個具成見的目標，他們早已確定自己的想法，無論他們找到什麼，只會再次確認他們最大的懷疑。不幸的是，這類事情總是不斷地發生，因爲當調查與研究像這樣被刻意縮小，要正確評估甚麼是可能，甚麼是不可能，就變得更加困難。它也模糊了事物間的區別與變數，例如所有的宗教都談到死亡後的存活問題，但是不同宗教的說法非常不一樣。佛教的貢獻是非常獨特的，但是對其主張的探索卻受到科學主義態度的阻礙。他們把所有的宗教混爲一談，好像全做了相同的主張，使得在這個問題上，更容易斷然地排除死亡後存活的觀念以及宗教全部——他們只是斷言不可能有來世，也不可能有業。這種好戰性被假冒爲科學，這完全是毫無意義的。

的確，佛教所提到的有些東西確實並非是實證的。佛教也是理論的、思辨的、形而上的——這一點讓一些人開始擔心。然而，我們必須嚴肅地承認，我們相信的許多事情都是像這樣。許多事物歸結爲顯相與實相的概念。我們所看到和相信的大部分事情，都是基於某種類型的理論建構、假設或心理圖像。沒有人看到過次原子粒子（subatomic particle），然而爲了要瞭解我們所看到的周遭物品的意義，我們假設這些粒子是實際存在的。它們不曾被看見過，而目前也沒有任何儀器能讓我們看見它。從這個角度來看，想到來世，尤其是佛教所假定的，並不特別令人難以置信，畢竟這完全符合我們的觀察。每一件事甚至是我們所見、聞、嚐與觸——所有我們從感官收集來的資訊——這一切都表示事物形成，持續一段時間，然後腐朽和瓦解，接著根據從前存在過的剩餘部分或殘存爲基礎，形成一個新的生命，隨時都可以看到這些在我們周遭發生。

再生而不是轉世

在佛教思想中，這種理解深入至輪迴存在的信念中，從宇宙到個人存在，從個人回到宇宙的層次，都有著深遠的影響。例如我們的地球已經歷了許多巨大的變動，如冰河時期等，這是可以預期的；因爲所有存在的事物，無論有機與無機，都會發生變化。所有存在的事物都經歷了這樣的過程：出生、持續一段時間、然後融解、消散、消失，然後又再回歸存在。

以輪迴存在爲基礎，佛教徒相信再生，而不是轉世。再回來的不是同一個人。在某種意義上，取代他或她的人是個篡奪者和冒名頂替者——在某種程度上，這幾乎是眞實的——一個聰明狡猾的人取代他或她的地位。佛教認爲：當你死亡並且再生，再回來的並不是「你」。完全相同的人並未在死亡之後存活，而是識本體的連續，或識的連續體，從一個生命遷移到另一個生命，隨後採取不同的形相出現；但意識和形相不是分開的。換句話說，意識的物質和識所呈現的形相不是分離的。一旦我們稱之爲心理能量或心靈潛能的東西，將自己鎖入某個有機體內，一旦它找到住宿處，譬如說受孕時，就成了篡奪者。原來的那個人走了，除了以前的化身留下的模糊痕跡之外。即使在這裡，「以前的化身」在這種狀況下也是尷尬的，但必須足以解釋如何傳遞印痕或某些傾向。我們可以觀察到這個觀念直覺上多麼引人注目。我們通常可以注意到，尤其是在傳統的大家庭中，許多男孩接二連三地出生，孩子間總是有無法解釋的差異。儘管他們全都受到同樣的對待，送到同樣的學校，給予同樣的食物等等，總是有挑剔的小孩、倔強的小孩等等，兒童生來就具有某種習性與傾向。事實也並非如我們在西方被教導的那樣，認爲外在條件對人們如何從嬰兒期發展到成人期應負完全的責任。環境在我們的生活中起著非常重要的作用，但並不是所有的事情都可以歸因於這個因素。

透過意志與努力影響業

人們可能會說：最重要的業力禮物，是生來就能夠應對環境的挑戰。我們之中那些能適應環境或外在挑戰的人，都是在生活中表現得很好的人。這樣的人知道事情將會很困難，甚至不指望事情會特別順他的意。他們知道認眞工作並堅持不懈是必要的，以改善他們自身來應對未來的情勢。其他在這方面較少天賦的人經歷較多的困難，因爲他們的想法不同，他們期望生活能接近他們的預期；但是事實不盡然如此。對這些人而言，面對現實的生活變得非常困難。因此，在理解有關再生的事件時，我們需要接受對於某些事物的繼承傾向，不是對我們未來的預測，而是要求承擔責任的傾向，這是需要解決的問題。若業是宿命論的話，已經存在的事就會自行解決，我們則無事可做，只能看著它們發生。業力理論不提倡這種想法。我們可以透過意志與努力來影響我們的業。舉例說，我們可能從父母那裡得了遺傳性的心臟疾病，自己很可能也會遭遇到心臟的問題。但是如果我們提早偵測到問題，或是採取一種適當的健康養生法，我們很可能可以預防心臟病的發作。業，以類似的方式運作，這是爲什麼我們從事禪修的方法，淨化的修持等，努力影響這一生的過程和我們的來生。

意識就像能夠改變並轉化自己的光

在佛教中，我們不會去預測自己可能成爲甚麼樣的人。業力理論不鼓勵我們猜測或痴迷於以前的轉世。有趣的是，當想到我們現在的傾向可能來自何處時，通常指向我們在再生方面的想法，而不是轉世。如果實際上有可能出生在不同的六道。譬如一個十分懶惰的人可能生爲豬，怎麼可能同樣的這個識本體，或無論用任何一個術語，在不同的時間兼具這兩種生物，先是一個人然後是一頭豬呢？意識的複雜程度不同，難以一致。這是人們堅決抗拒再生觀念的原因之一。我們需要認識的是：意識就像一種光，一種能夠改變並轉化自己的光。有時候意識變得明亮，有時候黯淡，有時候寬廣，有時候十分受限且不透明。這是由於意識所找到的住宿處，他所進入的宿主種類或身體有機容器所致。這決定了意識活躍的方式，無論那裡有甚麼，都賦予生命。意識像一種連續體，而不是一件事物，可以被比擬爲電流；光的明亮度，取決於導管、媒體或它所通過的東西。同樣地，意識發亮的程度是依靠有機體本身。當某種事物活躍起來時，這意味著某種意識的形式，不論多麼原始，它已經找到住所。

意識自然有不同的層次，再生必須在這狀況下去了解。在死亡之後，我們的意識尋找某種東西，並且決定要依附在那上面，將自己附著在某種事物上。這是理解再生眞正意義的關鍵，而不是轉世。我們並未轉世，而是再生！我們以許多不同的方式再生，主要是由於我們的心理動力，過多的瞋、貪、癡、慾望、嫉妒和傲慢。這些驅動的心理習性，以及伴隨著它們而來極度令人難以抗拒的感覺和情緒，對應於佛教傳統的「六道」——地獄道、餓鬼道、畜生道、人道、阿修羅道與天道。意識的體現和受其體現的影響，這種觀念直接涉及佛教的六道和輪迴轉生的概念，從一道流轉到另一道，有時流轉到不利、貶低或被剝奪的狀態，有時流轉到有福的狀況。

從業力上來說，早期佛教的六道概念取決於我們作爲有情眾生的本性，我們被建構的方式。生活在自己的世界內，因爲我們感知和居住的世界大部分是由共業的知覺所建構，所有的人類都以相似的方式看事情。我們有個人的業力歷史，從中我們看到的事情十分不一樣，非常個人化；除此之外，全都以共同的方式看世界。例如這不是貓所共有的世界。而作爲人類，我們明顯地受貪毒所支配。六道，可以從不同程度的字面意義去了解，如果我們正確地利用它們來處理我們的業，看待自己的人性，我們會看到不僅只是貪欲的存在；事實上，所有六道都反映在我們之內。有時我們像愚蠢的動物一樣無知，有時被極大的嫉妒、羨慕感驅策，就像嫉妒的天神；而在其他時候，我們是如此憤怒、惡毒，以至於沒有任何平靜，我們的心完全被攪亂、激動。我們也可能會認爲自己絕對高高在上，我們是最偉大的，變得驕傲、自大和以自我爲中心。

再生的發生，正是由於我們內在的這些傾向。不論我們最主要的五毒是甚麼，我們都能夠看到它未來的可能性。佛陀說：特別貪婪的人過著餓鬼的生活；他們擁有多少財富都不重要，那都是永遠不夠的。以這種方式思考是令他們感到貧窮的原因，他們有著餓鬼的心態。六道的經驗是我們自己存在狀態的反映，而做爲人類，我們主要屬於這些家族或類型中之一。我們應該自己解決這個問題，接受它並且以建設性的方式處理。我們認識到，不僅僅是由於我們現在的生活經歷造成了現在的狀況，而是由於在這之前，我們帶來了許多其他的東西。

沒有認識到這些潛在的影響，會毀掉我們的生活。有許多在相同教養下成長的兄弟姊妹的例子，從共同背景中成長，卻有完全不同的結果。一個例子是有一對姊妹，其中一位態度非常隨和，十分聰敏，學業成績優良，隨後上了大學，進入醫學院成爲一位醫生，一切都非常順遂。另一位結婚，卻非常忌妒妹妹的成就，於是決定再回學校念書，拿到醫學院的學位等等，一切都只是要證明她和妹妹是平等的——只是要證明她也能辦到。即使拿到學位，與她妹妹相比，仍然感到不足，因爲她並非眞正對行醫有興趣。這完全是浪費時間。這是我們業力發展結果的一個例子。從過去世，我們把這些東西帶到這世界上。過去的經驗讓我們陷於現在的境遇，但是我們的未來並未確定，不受過去生的束縛。我們可以影響未來世，事實上，我們可以採取先發制人的措施，預先減弱業果的影響。這是可能的，因爲經歷所有這些經驗的行爲者，不是一個不變的心靈實體。

從再生與業力中解脫

印度教的《薄伽梵歌》（Bhagavad Gita）敘說，現在生活中的一切，就如同我們的衣服，當我們死亡往下一生去時它是會脫掉的東西，然而，在那之下，我們靈魂的一切維持不變，從此一世到下一世。相較之下，佛教強調，我們連同自己的一切隨時都會改變。我們現存的性情屬性，從這一生帶到下一生，這些屬性本身隨時都會改變，這是佛教呈現解脫的可能性，從再生與業力中解脫。我們可以解脫自己，因爲所有的屬性隨時都會改變。如果不是這樣，我們將受譴責而經驗永恆的輪迴。要擺脫這種狀況，需要觀察輪迴存在的情形，並從業的角度來思考事情，以及如何將這帶到其頂點，最終的結局，如此我們才不需一遍又一遍地重複同樣的事情。

再生，被認爲是一種適當的保證形式，也是精神的解脫。對於那些覺得目前的生活很痛苦、不滿意等的人來說，再生意味著此生痛苦不僅在死亡時就此停下來——有更多的可能性存在於未來的生命中。在另一層面上，再生讓我們確信，事實上是有一個可以擺脫整件事情的方法，我們不會受制於生與死無止境的循環。然而，必須小心謹慎這類的用詞，雖然說我們擺脫了輪迴，不表示我們不會再生，而是不需要再受業力，習性的驅使再生，那是將個人帶回再生的正常推動力。相對地，高度證悟者因爲強大的悲心與智慧，而不是因爲業力習性的推動而回來，因此高度證悟者被說是「再來者」。

十　與業共舞

業，在某種意義上是一個非常複雜的議題，如同我們已經看到的。我們不希望變得比現在更加困惑，我們也需要在相對簡單與務實的層面上理解它的運作。如果我們決定有效地處理我們的業，在我們行動的優先次序方面，首先要專注於減少負面的業，避免某些行為——那些我們認為最有害的行為。先不去做積極的事情，譬如不用刻意去「護生」；我們只是盡量不去做最壞的事情。在採取更積極主動的行為之前，首先避免負面的行為就足夠了。我們必須清楚知道，不需要積極避免不良的行為。這想法很簡單，專注於能夠達成的事情上面，這會更有幫助，而不是在壓垮我們的問題中徒勞無功地掙扎；如果處理不正確，它本身將成爲更大的負擔。以一種非常懲罰性的態度來處理事情，可能就是這樣一個不善巧的例子。不停地責備自己，想著「我應該這樣做，而我卻不能；爲甚麼我不能這樣做？」這只會讓我們愈來愈沮喪。相反地，把更雄心勃勃的計畫先擱置一邊，專注於能夠完成的事情上，以這樣的方式來做事，我們更清楚地看到，爲了繼續改善狀況，我們可以做的各種事情。放下我們無法立即達成的事情本身，會產生非常正面的業，立刻有了累積的回應。因爲我們不再只想避免導致惡業的行爲，而是生起善業；這樣幾乎是自動的有力量進一步減少負面的業。

造善業可以完全停止造作業

當我們以正向的見解來思考事情時，此刻所吸引的習慣不是嚴格意義上的習慣形成。壞習慣，非常精確地會成爲習慣——它們縮小了觀點的範圍，並且十分可預測。相反地，好習慣，不會導致我們一再重覆去做相同的事情。當我們對人們有幫助時，處理事情的方式突然變得巧妙，從用自然的言語鼓勵一個絕望的人，到給予經濟上的援助。儘管如此，負面的心境產生相反的結果——產生十分可預知的結果。使用同樣的言語，同樣的表達與手勢，大家都知道接著會說什麼。當我們處於正向的情緒以及積極的方式與人互動，因此，我們參與且了解需要做的事，通過這種方式，我們變得愈來愈自由。

這是爲甚麼佛教說，在造善業的同時，我們可以完全停止造作業。目前人們對這個概念的了解尙淺，人們不能理解善業與惡業的不同特質，認爲如果讓自己習慣於善業而不是惡業，仍然會成爲一種習慣。我們會被「卡」在行善業上，要如何從它解脫呢？可以做到這一點的根本原因是，善業做得好，正確地創造，不是習慣的形成。不是養成習慣，因爲它是自發的，不是從自我爲中心的心態生起。習慣形成的活動源於自我執迷，當我們稍稍放下自我，繞過「我、我、我」的思惟，我們變得更加外向，更加向外參與。在許多層次上豐富性會流入這種類型的環境。這一切都涉及佛教的基本核心，也就是自我的問題。它意味著我們披戴著自我主義的盔甲，阻止我們與他人連結，同樣無法與我們自己連結。在整個世界的範圍內惡業被大量製造，而製造善業——例如參與、幫助、展現我們的潛力，卻有極大的困難。

想要覺醒的渴望

佛教的倫理與道德是基於我們的人性。我們的本性具有極大的潛力，卻很少被探索！由於我們的習慣，除了沒有充分利用我們的潛力之外，幾乎做了所有想像得到的事情。我們所得到的正好相反，堅固地遏阻了我們的潛力。在這條道路上，我們走的愈遠，就愈壓抑幾近原始想要覺醒的渴望。大乘佛教以「佛性」的概念來呈現此面向。在《寶性論》（Mahayanottaratantra）中介紹了此概念，「我們有一種想要覺醒的渴望。」無著（Asanga）與彌勒菩薩（Maitreya）（彌勒菩薩應該是作者，但肯定是無著寫下這部典籍），在這部經典中清楚地說明，我們的煩惱或痛苦甚至也是一種警訊，對我們的自滿提出警惕。如果感受到心理或精神的痛苦，我們應該要留意這個警告，如同當我們覺得不舒服時，留意我們的身體一般。當我們有身體病痛時，不會只是忽視它，想著「我可以應付。」透過留意這類的事情，我們會看到它們正在與我們溝通：不該對所處的位置感到滿足，我們擁有更多的能力！我們可以從生活中獲得比我們現在得到的更多。這是《寶性論》要傳遞的訊息。

在描述我們所擁有的巨大潛力時，財富的隱喻是大乘教法經常引用的。財富有許多不同的形式，包括物質財富；如果仔細研讀大乘經典，這並未被勸阻。更重要的是，財富與內在的財富有關，來自於培育正向的思想、正向的情緒、正向的情感以及從事健全的行爲，還有做能令我們眞正滿足的事情。一個眞正滿足的生活，比一個沒有這種感覺的生活更令人愉悅、歡樂。沒有滿足與歡樂的生活，是缺乏充實感的。

愈充實，愈不執著於事物

佛教的圖像——如唐卡上的佛與菩薩——綴滿珠寶、裝飾、手釧、腳鐲與項鍊，男、女菩薩穿戴珠寶，形狀和樣式各異；我們要以一種充實感來看待這種展現。奇妙的是，我們愈感受到充實，就愈不會去執著事物。我們愈感到貧困，就愈受到執取與需求的折磨。我們愈感到充實，我們的前景就愈不貧困，愈不執取，因爲我們已經覺得充實。這種對生活的態度會帶到下一世，並持續充實其後的生活。如果我們感到充實，能在許多層面上引來富饒，甚至在世俗的層面上，吸引朋友、成功以及財富等等。大乘佛教教法更進一步說，假若此生我們能夠適當的安忍，來生能生爲非常受歡迎的人，假如行布施，來生我們將生爲非常富有的人。是否完全接受這類的訊息並不重要，業的基本邏輯與佛法修持，依然存在。

道德缺失非道德錯誤

佛陀的業力概念極爲複雜，竭力避免任何類型的刻板詮釋。每當我們有新的思想或感受，就鎖仕在許多不同系統的既存模式中，四處發出漣漪效應。在我們的身心系統中，隨時都有多種網絡同時在運作，這確實是佛教的觀點。在平常分裂的狀態下，這些事情相互矛盾地運作。當學習創造正向以及對身心有益的業，我們學習如何將所有這些不同的網絡結合在一起，和諧地運作。對大部分的人而言，這很困難，因爲根據佛法，我們通常沒有太大的意志力，而且是由於性格的弱點，這是爲什麼我們會造業，尤其是惡業的原因。我們的行動大多出於無明。我們所做的事情，大部分都是在不了解我們的行爲全面影響所做的，這是缺失道德的跡象，而不是道德錯誤。

從業力來培養自己

如果充分認識到自己正在做的事情，而仍然繼續做，這與在毫不知情的狀況下去做事是完全不同的。我們通常是在這個意義上摸索，也就是在黑暗中摸索。業力的正確培養，是爲了清除蜘蛛網般紊亂的狀態，並與高度複雜的業力印痕、果報的網絡重新連結。在這樣做的過程中，發現與我們的生活更統一的觀點。在此之前，我們將會被牽扯到此或彼，在藏文，被稱做「列隆」（le lung）（「業風」），就像有人或事正在推動我們。思想、情緒與感覺不是問題，但特別的種類則能破壞我們的平衡，擾亂我們的心，讓我們完全無法理解正在發生的事情。佛陀說，當我們清楚地思考時，心不會擾亂。從業力上來培養自己，是強化我們的品格，以及建立自己的同義詞。從事情的表面上來看，教導無私行爲的佛教，會建議學習堅強、堅定以及幾乎是固執任性，這似乎很奇怪，它是一個建立平衡的問題，與我們的執著習性相反。依照佛陀的說法，缺乏意志使我們受到各種各樣事物的傷害，既有內在的衝突，也有外在的負面影響。

對自身的執著，導致各種不良的行爲與結果，它會指向自身毀滅的道路！我們選擇去思考那些明顯無益的事，懷著不應該有的感覺，去安排明顯被誤導的活動。執著使我們崩潰，不會使我們更堅強。在佛教經典中，有疲憊的旅人這種輪迴形象的比喩。當我們來到這世界，沒有固定的居所——輪迴不是一個我們可以安頓下來，掛上我們的帽子，稱之爲家，並且放鬆的地方。相反地，我們一來到這世界，被迫持續遷徙，沒有停頓，這是使用「遷徙的有情眾生」的原因。所有的眾生都是如此地遷徙，不停地跋涉，隨著人生經驗持續積累而受到挫折，背負的包袱愈來愈沉重——時間愈長久就愈困難，但我們必須繼續下去！最終如同佛陀所說，經歷所有的爭鬥與衝突，我們完全疲憊不堪。在這種疲憊的全景環境下，正是培養倫理，使我們能夠恢復精神，補充我們耗盡的資源。在生命的負面狀態中，我們不斷地揮霍——揮霍又揮霍，負債累累——反之，致力於業的培養時，我們積聚再積聚。大乘佛教要求兩種積聚：福德的積聚與智慧的積聚。當我們積聚時，不是在支出。當我們不培育自己時，就過度消費，導致赤字，不幸地，這是有懲罰的。

當我們充實自己時，我們的自我感開始綻放。換言之，我們必須成爲我們想要成爲的人。我們有機會和能力成爲我們想成爲的人。這是積聚智慧與福德的意義。如果我們有一個善念，那是值得讚揚的。如果我們有一個好的感受，那是值得讚揚的。如果運用我們的四肢是爲了好的目的，那也是值得讚揚的。我們以一種責任感開門，以謹慎與尊重的方式洗碗——而不是四處拋擲，發出叮噹響，怪罪我們的伴侶丟下碗盤不顧。如果我們有個善念，即使是對自己，心想：「畢竟我不是個壞人，」如果有人幫了我們一點小忙，不論是多麼微小，心中充滿感激，這一切都是值得讚揚的。

關注所有我們可以立即注意到的事情，就會知道我們必須做甚麼才能成爲我們想要成爲的人。如果能思考應該思考的事情，感受應該感受的東西，我們需要組合全部情緒，來蓬勃發展以及健全地生活，以眞正的意義過一個美好的人生，那麼，我們還需要甚麼呢？如果我們感到滿足與充實，就不再需要任何更多的東西。這是人生的目的。我們甚至能透過這些方法得到涅槃、證悟、解脫。與大多數人的想法相反，佛陀並不是要消除所有的幻想，或去除我們所熟悉的一切，而去接觸一些難以描述的神秘現實。相反地，他建議我們拋棄自己的某些面向，那些壓垮我們的事物，我們應該放下擔子！另一方面，應該擁有值得積聚的事物。有個譬喻，是清空家中的廢物堆，以少數幾件好家具取而代之，讓我們能夠寧靜、祥和地享受我們的周遭環境。一種和諧感，而不是雜亂無章的囤積，裝滿一屋子各種我們拒絕丟棄的廢物，執著極度荒謬的東西，像個空罐子，卻把它當成寶貝般。我們要學會確定優先次序。在平常造惡業的模式下，不論是字面上或譬喻上，我們實際上是在積聚廢物，並且在廢物堆上尋求庇護所。道德倫理的培養，類似大清掃的工作，擺脫所有這些東西，然後選擇性地挑幾樣值得保留的物品，而非任何稀奇古怪的東西。

我們同樣要試著放下不必要的想法，過多的想法！我們要冷靜一點，減少沉迷於事物的程度。我們鼓勵令人振奮與健全的感覺，盡量不要過度耽溺在負面的感受上。做爲一個有情眾生，生活在無明中，不可能期望不會陷在任何負面的思想或情緒中；無論如何，我們要試著減少，盡快放下它們。不要「喋喋不休」，或講太多話，那只會強化信念，灌溉種子：「我無法處理這件事；它太超過了；我的生活一團糟！」這樣只是確定我們生活中的混亂。像這樣打擊自己，只會加深負面的業力習性。這在我們生命的每一個角落——個人、專業、人際間等等，都會產生漣漪效應。

業不應被看作是負擔

業不應被看作是我們攜帶的一種負擔，或是一種道德主義，其中的事物都壁壘分明，好人在這邊，壞人在那邊，善與惡的行爲，絕對是截然不同的。這絕對不是思考業的方法！所謂健全事物的培養，是相對於不健全的事物的，反之亦然。善業與惡業有密切的關係，善業無法獨立於惡業之外去培養。人不可能有善念而沒有惡念。在佛教教法中多次提到，如果沒有黑暗的話，陽光就無法驅散黑暗。我們要成爲與我們正在變成的，沒有什麼不同。如果我們已經是這樣的人，就不會說：「我不想成爲這樣的人！」反之，我們也不會說：「我想成爲那樣的人！」如果我們什麼都不做，就不會成爲那樣的人。從現在就開始，我們就開始成爲那樣的人。沒有人突然成爲吉他彈奏者；必須拿起吉他，上幾堂課，開始學習彈奏。

結論

當代佛教似乎有一種願望，以「整體化」的方式來看待事情，讓精神上的努力成爲生活中更整體的一部份。我們談論將禪修融入到「日常生活」中，對業力的正確理解，有助於消除這種察覺到的禪修問題。基本上，禪修並非所有的答案。我們通常所說的禪修是一種技巧，但也是道德倫理培養的重要部份。在練習禪修時，我們做實際需要做的事，它不應該被視爲是與日常生活分開的事情。我們所做的，我們如何引導生活，都會影響我們的禪修；而在禪修所得到的體驗，會影響、滲透或流入日常生活的狀況與環境。我們無須思考「如何才能把我的佛教修行融入到日常生活中！」正如佛法中一再陳述的，眞正的禪修實際上是證悟者的心。到目前爲止，不同形式的禪修都只是要實現這一目的的技巧。在其巔峰處，不需要正式的禪修。對於證悟者而言，沒有修與不修的區別。這樣的證悟者不需要禪修。但在達到這個階段之前必須禪修，做爲充實自己修行的一部份。禪修將幫助我們在適當的時刻，看見一切。

解脫不是經由過著美好的生活，或透過禪定的修持而獲得，而是兩者兼具。我們需要獲得智慧，而智慧與智力不同，不完全出於精神活動。智慧源於身體與精神活動二者的結合，在佛教的觀點中，它與智力有明顯的區別。一個極度聰明的人可能不知道如何生活得好。而另一方面，一位有智慧的人清楚知道如何生活得很好。有智慧的人了解很多事情，包括務實的智慧、如何爲人處事、如何與人互動、什麼是最好的行動方式、什麼是最有益於自己與他人的事情等等。這些能力，最終從自我培養中浮現出來。

佛教並不一定教我們擺脫自己的需求與欲望，而是逐漸培養一種免於執著的自由。當執著減少，我們最終完全放下業。感覺充實，自然會放下執著，執著是業力所依靠的。即使是證悟者，佛陀仍然需要吃與喝，有睡覺的地方，還有其他的各種事物；此處的關鍵區別在於，佛陀不會有預先確立的概念，即在某些情況下他們需要什麼東西以使事情能運作。佛陀已認識到在各種不同的環境下讓事情能發揮作用，正是這種完美的適應性，被稱爲佛陀的悲心與善巧方便。佛陀是善巧的，可以和各種各樣的人交談，融入任何類型的環境中。

佛陀可能像一般人一樣行動、反應與運作，但心中的念頭，實際上就像雲一般——雲朵來來去去，不留痕跡。身爲凡夫眾生的我們與他們不一樣，我們的念頭就像是留在沙灘上的足跡，被沖刷掉了一點，依然可以見到沙灘上的輪廓，仍然在那裡，然而雲沒有留下移動的痕跡。佛陀的念頭、感覺與情緒，就如同雲一般，來來去去，做該做的事，但是經驗不會留下痕跡。這是我們做爲佛教徒要達成的目標，是業與再生如此重要的原因。即使我們不完全相信它們的眞實性，也應該思惟這兩者，我們至少應該保持開放的態度。同樣值得考慮的是，我們把業當作是眞實的去待人處事，最終還是比把業當作是虛假的去行事，會過著更好的生活。我們仍然會是個更好的人，我們會更仁慈、更勤奮、更有成就且更積極。如同法國哲學家巴斯卡（Pascal）在談到與上帝的關係時所說的，最好相信祂存在——如果證明是眞實的，一切都很好；而如果是虛假的，也沒有任何損失。同時我們的生命也沒有虛度。或許在這些時候，至少業也應該被同樣地看待。它可以成爲一種更有意義、更充實的生活方法，讓我們免於虛無主義、犬儒主義、空洞的唯物主義的影響，以及消費主義的誘惑。

當代社會存在著道德與倫理價值的危機。如果不具某種宗教基本教義立場的話，我們幾乎不可能這樣說。這是不必要的，這個討論應該在於建立一種人類的尊嚴感。爲什麼我們應該要正直？爲什麼我們應該比現在更好地對待他人呢？這樣的事情很少再被提到。我們似乎被卡在宗教基本教義與世俗人道主義之間，宗教的基本教義者提議以信仰爲基礎，而世俗的人本主義者透過法庭去奮力爭取，從而獲得愈來愈多立法以保護權利，爲被壓迫者、弱勢者尋求正義等等。當然是有這樣的需要，但並未建立一個道德的基礎，沒有提供道德指南，這是關鍵問題。對業與再生的可能性持開放的態度，有助於打破我們所處的僵局。雖不依靠神學，但它鼓勵一種思惟與訓練，促進對他人和我們自己的尊重。業力理論鼓勵我們善用情勢，以感激和愉快的態度來接受它們、善用它們，而不是把它們視爲理所當然，回歸到一種權利感。在佛教中，尤其是以業力來思考事情，勿須等待別人爲我們做事情，如果我們能爲自己做的話。

佛教提醒我們克服這一切，放下我們對業的執迷，如此我們可以變得充實。只要我們所做的每一件事仍然是以自我爲中心的偏見，就會感到空虛！我們不斷試圖以關係、地位或其他任何東西填補空虛，抓住這個或那個。假使最初我們能在根本上發現自己的豐富性，就能夠完全放棄追求這些其他的願望，而不會讓它們成爲一種執迷。我們可以有人際關係，這種關係是自在、正向的。

我們可以賺錢，它是正向的。在生活中幾乎可以做任何事情，這將是好的。

我們可以看到，任何對佛教有眞正興趣的人，不應該迴避業力的概念，它是佛教之所以成爲佛教不可或缺的一部份，它是完全一體的。即使在我們禪修時，當我們試圖面對念頭、情緒、感受，我們都是在與我們的業共舞！這就是業。試圖觀照我們所看到、聞到、嚐到與觸摸到的東西，就如同我們在禪修中所做的，我們都是在對待業。事實上，我們沒有辦法逃避業力，或許不想使用「業」這個詞，但實際上沒有改變任何事情，只是把另一個標籤貼在某件物品上，這並不會改變事情。

業是一個非常複雜、難以掌握的概念，同時它的基本原理非常明確，不一定是完全形上學的論述，它具有極爲實證的一面。佛陀透過自己的經驗，經由身體力行與深刻的反思，完善了業與再生的整體概念。追隨佛陀，這是我們可以根據自己的性情去探討處理的事。那不是一種理想，在高深莫測的抽象「那裏」，超出實證的基礎。我們可以在許多層面上發展對業力的理解，重要的是，在實證層面上它是可以理解的，或許是可以證明的。它解決了許多我們目前看不到的事情，未知的事情。業力本身是我們無法直接看見或驗證的許多事情之一。

在這個時代，我們不顧一切追求現代、科學、進步與世俗。甚至有一種新類型的世俗佛教徒，這也很好，那是個人的選擇。眞誠思考否認業力存在的後果，這對所有人都是有益的，但並不意味著我們也必須對它狂熱。反之，我們需思惟，業力的信念是否會使我們的人生更加重要、更有意義並且提供一些指導。這可以多層次進行審查，從非常實證到更爲抽象的層次。我們可以問：業力的觀點是否讓我們更容易對待與朋友或他人的關係，或更有效地應對世界，或更清楚地看待自己。

無論我們修持哪一宗、哪一派的佛教，如果能堅持不懈，就會從中受益。

寂天菩薩說過，不時回顧我們的生活是很好的，比如說，看看幾年前我們的情況，回首過往，大多數的人會說，他們不想「回到那裡」。這種反思可以調整我們總是向前想著爲什麼不在「那裡」的不健康傾向。如果我們眞正去觀照，佛教修行的有益效果是非常殊勝微妙的，如果領會到這一點，我們將會更開放，更易於轉化。

業的力量

作　　者：查列嘉貢仁波切
中　　譯：噶瑪策凌卻準
審　　譯：噶瑪津巴多傑
出　　版：方廣文化事業有限公司
住　　址：台北市大安區和平東路
電　　話：02 2392-0003
傳　　真：02 2391-9603
◎地址變更：2024年已搬遷
通訊地址改爲106-907
台北青田郵局第120號信箱
(方廣文化)
劃撥帳號：17623463 戶名：方廣文化事業有限公司
電子信箱：fangoan@ms37.hinet.net
設　　計：鎏坊工作室
總 經 銷：聯合發行股份有限公司
電　　話：02 2917-8022
傳　　真：02 2915-6275
出版日期：2021年9月　初版2刷
定　　價：新台幣300元
行政院新聞局出版登記證：局版臺業字第六〇九〇號

◎如有缺頁、破損、倒裝請電：(02)2392-0003
No：M020　ISBN：978-986-7078-96-4
Printed in Taiwan

國家圖書館出版品預行編目資料

業的力量 / 查列嘉貢仁波切 (Traleg Kyabgon) 作；噶瑪策凌卻準中譯.
-- 初版. -- 臺北市：方廣文化, 2020.05　面；　公分
譯自：Karma
ISBN 978-986-7078-96-4 (平裝)
1.藏傳佛教　2.因果
226.96　　108016462

夢參老和尚系列
書　籍

方廣文化出版品目錄〈一〉

● 八十華嚴講述

HP01　大乘起信論淺述（八十華嚴 導讀一）
H208　淺說華嚴大意（八十華嚴 導讀二）
H209　世主妙嚴品（第1至3冊）
H210　如來現相品・普賢三昧品（第4冊）
H211　世界成就品・華藏世界品・毘盧遮那品（第5冊）
H212　如來名號品・四聖諦品・光明覺品（第6冊）
H213　菩薩問明品（第7冊）
H214　淨行品（第8冊）
H215　賢首品（第9冊）
H301　升須彌山頂品・須彌頂上偈讚品・十住品（第10冊）
H302　梵行品・初發心功德品・明法品（第11冊）

....陸續出版中....

● 華 嚴

H203　華嚴經淨行品講述
H324　華嚴經梵行品新講（增訂版）
H205　華嚴經普賢行願品講述
H206　華嚴經疏論導讀
H255　華嚴經普賢行願品大意

● 天 台

T305A　妙法蓮華經導讀

● 楞 嚴

LY01　淺說五十種禪定陰魔—《楞嚴經》五十陰魔章
L345　楞嚴經淺釋（全套三冊）

夢參老和尚系列
書 籍

方廣文化出版品目錄〈二〉

● 地藏三經

地藏經

D506 地藏菩薩本願經講述 (全套三冊)
D516A 淺說地藏經大意

占察經

D509 占察善惡業報經講記 (附HIPS材質占察輪及修行手冊)
D512 占察善惡業報經新講

大乘大集地藏十輪經 D507 (全套六冊)

D507-1 地藏菩薩的止觀法門 (序品 第一冊)
D507-2 地藏菩薩的觀呼吸法門 (十輪品 第二冊)
D507-3 地藏菩薩的戒律法門 (無依行品 第三冊)
D507-4 地藏菩薩的解脫法門 (有依行品 第四冊)
D507-5 地藏菩薩的懺悔法門 (懺悔品 善業道品 第五冊)
D507-6 地藏菩薩的念佛法門 (福田相品 獲益囑累品 第六冊)

● 般 若

B411 般若波羅蜜多心經講述 (合輯本)
B406 金剛經
B409 淺說金剛經大意
B412 應無所住：金剛經十四堂課

● 開 示 錄

S902 修行 (第一集)
Q905 向佛陀學習 (第二集)
Q906 禪・簡單啟示 (第三集)
Q907 正念 (第四集)
Q908 觀照 (第五集)

方廣文化出版品目錄〈三〉

地藏系列

D503 地藏三經（經文版）
（地藏菩薩本願經、大乘大集地藏十輪經、占察善惡業報經）

D511 占察善惡業報經行法（占察拜懺本）（中摺本）

華嚴系列

H201 華嚴十地經論
H202 十住毘婆沙論
H207 大方廣佛華嚴經（八十華嚴）（全套八冊）

般若系列

B402 小品般若經
B403A 大乘理趣六波羅蜜多經
B404A 能斷金剛經了義疏（附心經頌釋）
B408 摩訶般若波羅蜜經（中品般若）（全套三冊）

天台系列

T302 摩訶止觀
T303 無量義經（中摺本）
T304 觀普賢菩薩行法經（中摺本）

部派論典系列

S901A 阿毘達磨法蘊足論
Q704 阿毗達磨俱舍論（全套二冊）
S903 法句經（古譯本）（中摺本）

瑜伽唯識系列

U801 瑜伽師地論（全套四冊）
U802A 大乘阿毗達磨集論
B803 成唯識論
B804A 大乘百法明門論解疏
B805 攝大乘論暨隨錄

憨山大師系列

HA01 楞嚴經通議（全套二冊）

方廣文化出版品目錄〈四〉

密宗系列

M001 菩提道次第略論釋 (全套四冊)
M002 勝集密教王五次第論
M003 入中論釋
M004 大乘寶要義論(諸經要集)
M006 菩提道次第略論
M007 寂天菩薩全集
M008 菩提道次第廣論
M010 菩提道次第修法筆記
M011 白度母修法(延壽法門修法講解)
M012A 中陰–死亡時刻的解脫
M018 菩提道次第廣論集註 (卷一～卷十三)
M019 佛教的本質–《佛教哲學與大手印導引》
M020 業的力量–(與死亡的恐懼共處)

能海上師系列

N601 般若波羅蜜多教授現證莊嚴論名句頌解
N602 菩提道次第論科頌講記
N606 能海上師傳
N607 現證莊嚴論清涼記
N608 菩提道次第心論

論頌系列

L101 四部論頌(釋量論頌 現證莊嚴論頌 入中論頌 俱舍論頌)
L102 中觀論頌 (中摺本)
L103 入菩薩行論頌 (中摺本)
L104A 彌勒菩薩五部論頌
L105A 龍樹菩薩論頌集
L106 中觀論頌釋
R001 入中論頌 (小摺本)

方廣文化出版品目錄〈五〉

南傳佛教系列

SE05 七種覺悟的因素
SE06 南傳大念處經 (中摺本)
SE07 三十七道品導引手冊 (阿羅漢的足跡增訂版)
SE08 內觀基礎 《從身體中了悟解脫的真相》
SE09 緬甸禪坐 《究竟的止觀之道》(增訂版)

其他系列

Q701 單老居士文集
Q702 肇論講義
Q703B 影 塵-倓虛老法師回憶錄
Q705 佛學小辭典 (隨身版)
ZA01 參 禪《虛雲老和尚禪七開示》
ZA02 禪淨雙修《虛雲老和尚開示錄》
Z005 《禪宗公案》-李潤生著